KB234720

수많은 내가 다른 곳에 살고

1

일러두기

• 이 책의 판형은 120*190mm이다.
• 표지와 내지의 지질은 각각 스노우화이트 250g/m²,
  백색 모조 100g/m²이다.
• 표지 1도, 내지 1도로, 오프셋 방식으로 인쇄했다.
• 표지는 이지스킨 코팅을 하고, 후가공으로 박(태창 EE-05 퍼플)을 했다.
• 무선 제본으로 제작했다.
• 서체는 주로 Hahmlet이 쓰였다. 이 밖에 **SM3견출명조** 등도 적재적소에
  쓰였다.

흐름들
수많은 내가 다른 곳에 살고

2023년 11월 16일 초판 1쇄 발행

지은이: 애리
기획: 지다율
편집: 김윤우, 지다율
표지 및 내지 디자인: 기경란
발행처: 출판공동체 편않
등록일: 2022년 7월 27일
홈페이지: editorsdontedit.com
전자우편: editors.dont.edit@gmail.com
인쇄: 제일프린팅
ISBN 979-11-979810-8-1 03670

2

내

가

살고

- 외국 인명과 지명 등은 외래어 표기법을 따랐으나 "에이브릴 라빈",
  "나타샤 리온" 등 일부에 한해서는 통용되는 표기를 따랐다.
- 책 제목과 신문·잡지 등 매체명은 겹낫표(『 』)로, 시 제목은 홑낫표(「 」)로,
  앨범명 등은 겹화살괄호(《 》)로, 영화·프로그램·시리즈·곡 등의 제목은
  홑화살괄호(〈 〉)로 묶었다.

"애리의 씨앗"—편집자가 붙인 이 가제는 공교롭게도 내 음악을
꾸준히 사랑해 주시는 한 분께서 애리라는 가수의 팬 애칭을
"씨앗들(잭도탐낸씨앗)"이라고 썼던 2022년 트위터 게시물과
이어진다. 아무리 첫 앨범의 제목을 《SEEDS》(2018)라고
붙였어도 그렇지. 내가 너무 핵심 제목을 써 버린 걸까? 다음 앨범
제목이 무엇이 되어야 할지 고민이다.

차례

그럼에도 사랑하고 사랑받고

한순간의 기적을 믿지 않습니다. 그런데도 어느 날은 한순간의 기적이 내 앞에 와 있으면 좋겠다는 마음을 발견하기도 합니다. 믿지 않는다고 말하기 전에 믿고 싶은 마음이 먼저 있었던 것을 깨닫게 됩니다. 남은 내 생에 정성을 다하기 위해 한순간의 기적을 믿지 않겠다고 다시 선언합니다. 한순간의 기적을 바라는 게 아니라 여러 순간마다 할 수 있는 만큼 조금씩 기적을 이루고 싶다는 소망을 가집니다.

편앞에서 에세이 출간 제안 메일을 받았을 때, 생각지도 않았던 한순간의 기적을 만난 기분이었습니다. 무슨 글을 쓸지도 모르면서요. 다른 곳에서 이미 앤솔러지 형태의 에세이 『여성×전기×음악』의 참여를 제안받아 글을 집필하기 시작한 시기였습니다. 편않에서 준비 중인 음악 에세이 시리즈 〈흐름들〉에서는 기존에 발표한 곡들이나 미래·가상의 곡들의 제목으로 앨범 트랙처럼 차례를 구성하는 것으로 제안받았기에 그렇게 쓰리라 마음먹었습니다. 그런데 쓰다 보니 처음 계획했던 것과는 조금 다른 구성이 되었습니다.

과거의 앨범에 담긴 이야기를 쓰다 보니 과거의 나 자신과 자주 마주치며 아프기도 했고, 이런 이야기를 써도 될지 두렵기도 했습니다. 과거의 제가 무척 부정적이던 사람 같아서 쓰면서도 속상할 때가 있었습니다. 어떤 기준에서 부정적인가—부정적이라는 것이 무엇인지를 따졌을 때 감정에는 부정적인 것이 없다는 점을 차치하면, 그렇습니다. 간단하게 말해서 부정적이던 제 모습을 보기 힘들었습니다. 특히 교정을 볼 땐 왠지 읽기 힘들고 마음이 파열되는 것 같아 몇 날 며칠 동안 읽기에 실패하기도 했습니다. 하지만 글을 쓰면서도, 교정을 보면서도, 다시 떠올립니다. 내 마음이 이랬구나. 이 모든 일들을 지나왔고, 현재를 지나고 있고, 앞으로도 많은 일들을 겪겠구나. 사랑하고 사랑받고 싶구나.

심리상담 센터와 정신건강의학과에서 글 쓰는 것에 대한

이야기를 나눴습니다. 2023년에 에세이를 쓰며 음악으로 도망쳐서 춤추고만 싶었습니다. 부끄럽고 쓰라린 글을 읽어 주시는 모든 분들에게 감사의 말을 전하고 싶습니다.

이 글을 읽은 최초의 독자는 편집자였습니다. 정해진 분량의 절반 정도를 작성한 초안을 메일로 보냈을 때, 재미도 슬픔도 기쁨도 느낄 수 있었고, 즐거운 경험을 하게 해 주셔서 감사드린다는 답장을 받아 계속 글을 써 나갈 수 있었습니다. 탈고를 마치고, 교정이 거듭 진행되고, 글 편집이 거의 끝나갈 무렵에서 통화로 부끄럽고 쓰라린 마음으로 글이 어땠는지 물어보았습니다. 떨렸습니다. 김윤우 편집자의 선명하다는 말을 더 이해하고 싶었지만 잘 몰라도 기분이 좋았습니다. 저더러 투명하다던 친구의 말도 생각났습니다. 마지막을 달려가는 교정 단계에서 유난히 못생겨 보이는 글을 왜 읽지 못하나 괴로워하다가, 편집자와의 통화를 끊고 나서는 최초의 독자에게 응원을 받은 기분으로 기뻐서 싱글벙글 웃었습니다.

편집자를 비롯하여 편않에도 감사합니다. 에세이 출간 제안 메일을 확인한 순간—한순간, '한순간의 기적'이었습니다. 친구는 제 소식을 듣고 잘되었다며 눈물을 글썽였습니다. 덕분에 2023년, 많이 느끼고 많이 생각했습니다. 부끄럽고, 화나고, 억울하고, 슬펐습니다. 감사하고, 자랑스럽고, 재밌고, 행복했습니다. 글을 쓰고, 발표하기 위한 과정을 거치며 스스로와 사람들, 세상을 만져 봅니다. 슬라임처럼 마구 주무르고 던지고 찢어서 다시 뭉치고 싶기도 하고, 너무 예뻐서 깨지지 않도록 보고 즐기며 먼지를 조심조심 닦아 내고 싶기도 합니다.

작더라도 정성 들여 기적을 만들어 내면서 살고 싶습니다. 출간 제의 메일을 확인했던 순간, 미팅, 나도 내가 정확히 어떤 글을 쓸지 모르고 시작한 글쓰기, 예상치 못했던 환희와 슬픔, 친구들에게 글을 보여 주며 대화하던 시간, 교정 과정, 현재 읽고 있는 책을 포함해서 저자 소개 글을 써 달라는 요청을 받고 즐거워한 것, 마지막으로 요청받은 서문을 작성하며 글과 내 마음을 돌아본 시간. 앞으로는 이 책과 관련하여 어떤 작은 기적들이 일어나고 세상과 연결될까요? 잊고 있다가도 어느 날 찾아올 것 같은 소소한 기적의 순간이 벌써 반갑습니다.

고인이 된 친구에 대한 이야기를 쓰면서 고민이 깊었습니다. 가만히 있는 게 낫지 않을까? 내 이야기를 한다면서 남의 상처를 후벼 파는 것이 아닐까? 이 부분에 대하여 고민하던 제게 의사 선생님께서 '누군가에게는 행복한 가족 사진이 트리거가 되어 상처가 되기도 한다, 다른 사람들이 어느 지점에서 상처를 받을지 전부 알 수 없다, 진심을 한번 전해 보는 것도 괜찮을 것이다'며 제가 고인이 된 친구의 가족 분들께 연락을 드려 보는 것에 용기를 주셨습니다.

"연락을 받고 아팠어요. 그래도 잊지 않고 연락해 줘서 고마워요." 메시지를 보았을 때, 죄송하고 감사했습니다. 제 몫의 부담을 나누는 것 같아 죄스러워 어려운 이야기들은 점점 주변 사람들에게 하지 않게 됩니다. 힘든 마음이 주변 사람들에게 폐가 될까 몇 날 며칠 몇 주 몇 달 몇 년 동안 꺼내 보지 못하는 일들이 늘어납니다.

예전엔 어떻게 그렇게 거리낌 없이 힘든 마음을 말하고 다녔을까? 그렇게 아픈 부분 다 말했다가 나쁜 사람이 그 점을 이모저모 이용하여 상처 줄 수도 있다고 걱정하던 언니의 말이 떠오릅니다. 모든 사람에게 말한 건 아니었어요. 왠지 말하고 싶은 사람들에게만 말했죠. 다만 그 사람이 받을 부담은 잘 몰랐던 것 같습니다.

말하지 않고는 바닷속에서 아무도 모르게 터져 버릴 것 같았어요. 마구 쏟아 내던 시절에는 말해서 살았습니다. 요즘에는 말을 덜 하는데, 이 책에서 쏟아 낸 것만 같아 마음이 가뿐치 않습니다. 하지만 교정을 마친 지금, 시원하기도 합니다. 어차피 떠나보낼 글이니 떠나보내자, 결심해야 떠나보낼 수 있습니다. 음악도 그렇네요.

이 글이 무엇을 전달할 수 있을까? 나에 대한 이야기를 한답시고 불쾌함을 일으키지 않을까? 불안한 마음을 딛고 떠올려 봅니다. 배덕감이 느껴지는 글에 위안이나 즐거움을 느꼈을 때를요. 좋아하던 창작가들의 글을 찾아보며 그 사람을 오독할 수도 있다는 전제하에 상상하고, 그 글에 비춰 나를 돌아보며 보냈던 시간들도.

가끔 제가 만난 모든 사람들에게 하고 싶은 말이 있습니다. 미워해서 미안합니다. 얄미워한다는 표현을 좋아해요. 저도 얄미울 때가 있겠죠. 그럼에도 사랑하고 사랑받고 싶습니다. 사람들을 사랑하는 마음으로 잘 지내고 있기를 바라는 마음이 제 안에 여전합니다. 글을 쓰면서 뒤틀린 모습이 자꾸 보여서 괴로웠지만 그토록 원했던 진심, 사랑하고 사랑받고 싶은 마음을 잃지 않고 담고자 했습니다. 마음속 깊이 뿌리박혀 있는 사랑을 이런 모양으로 재배해 보았습니다.

엄마는 20여 년 농사일을 해왔지만 매년 다르다고 말했습니다. 같은 종류의 식물 씨앗이어도 씨앗마다 다르다면서요. 매년 봄, 여름, 가을, 겨울이 있지만 일조량과 강수량 등 날씨도 매년 조금씩 다르대요. 어떤 건 잘 안될 때도 있고, 다음 해에 다시 잘되기도 한답니다.

제 사랑은 가끔 잎을 피우지도 못하고 죽어 있는 것처럼 보일 때도 있습니다. 요즘에는 길어도 1주일 정도면 다시 잎을 내는 것 같아요. 사랑이 항상 만개했으면 좋겠는데 그럴 수 없어서 아쉬울 때가 있습니다. 그러다가도 다시 새로운 생각을 떠올립니다. 유한성 덕분에 소중해하는 마음을 가질 수 있겠다고요. 정말 죽기

14

전까지는 죽어 있는 것처럼 보여도 쉰다고 생각하고 싶습니다. 가끔 만개하는 사랑을 떠올리며, 다음번 만개 시기에는 아름답게 피어난 사랑을 만끽하고 감사해하기로 합니다.

죽음, 하니 죽음에 대하여 얘기하고 싶습니다. 저는 언제 죽게 될까요? 죽음을 생각하면 두렵지만 죽음은 무척 자연스러운 현상이라는 말을 복기합니다. 죽어서 고체, 액체, 기체 등등이 되어 이 세상의 일부분으로 흩어지는 상상을 합니다. 내 몸이었던 물, 탄수화물, 단백질, 지방, 피, 무기물 등이 세상에 퍼집니다. 죽어서도 이 세상에 있을 수 있겠다는 기분이 들어요. 사후 흩어진 제 일부분을 누군가가 코로, 입으로, 기억으로 흡수합니다.

죽은 후에 우리가 다시 만나지 못 할 수도 있겠죠. 그런데 한편으론 정반대의 기분이 들기도 합니다. 죽은 후에 사랑하는 사람들을 만날 수 있을 것 같아요. 환하게 웃으며 반가워하는 우리의 모습을 그립니다. 보입니다. 말도 안 된다고 해도요.

우리는 연결되어 있지 않아도 연결되어 있습니다. 나의 존재와 지구와 우주와 시간을 생각하다 보면 과연 끝이 있을까 궁금합니다. 끝이 정말 많기는 하지만, 오늘의 끝도 있을 테지만. 오늘을 '오늘'이라고 이름 붙이지 않고 시간을 나누어 구분하지 않으면 어떻게 될까요? 2018년 어느 날, 예술가 교사로 초등학교에 나가 '분류'라는 개념을 가르치면서 '분류'가

싫었습니다. 인간은 왜 그렇게 집요하게 분류하고 기록을 해

왔을까?

그러던 같은 해 어느 날, 〈서던 리치: 소멸의 땅〉을
몰입하여 보고 나서 그동안 분류를 통해 알아 왔던 세상이
머릿속에서 뒤죽박죽된 채로 집 밖으로 나왔습니다. 멀리서
큰 소리가 들렸습니다. 무서웠습니다. 단순히 소리가 커서가
아니라, 몇 초 동안 그 소리가 무슨 소리인지 단번에 알아채지
못했기 때문이었습니다. 평소에는 단번에 알아채는 오토바이
소리였습니다. 소리의 정체를 알게 되고는 안심했습니다. 내가
아는 범위 내의 소리라는 점에 안도했습니다. 그때 분류와 기록
또한 생존 본능에서 기인했을 수 있겠다고 생각했습니다.

저는 인간이라는 동물로, 한국 사람으로, 여러 종류로
분류될 수 있습니다. 수많은 기준으로 분류를 하다 보니 저는
다른 사람들과 같은 인간인데도 다른 인간이 됩니다. 또 다른
생명인 식물처럼 우리는 같은 종류지만 다른 씨앗을 가지고, 같은
일조량과 강수량의 영향을 공유하다가도 다른 일조량과 강수량을
경험하기도 합니다.

다른 곳에 사는 수많은 내가 궁금합니다.

2023년 가을
애리

씨앗 뿌리기

싹트네 싹터요 내 마음에 사랑이…….

씨앗에서 싹이 트는 데 얼마나 시간이 걸릴까? 씨앗은
자랄까, 자라지 않을까? 싹이 트면 무엇으로 자랄까? 또 어떤
씨앗을 심을까?

아무도 날 몰라준다는 것에 익숙하면서도 매번 놀라워했다면
얼마나 나는 나에게 젖어 있던 걸까. 나는 나한테 너무나도
중요한 사람이지만 매일 때렸어. 내 마음에 폭력을 행사하며
다른 누구도 아닌 스스로에게 관심 있던 사람들에게 왠지 모르게
공감하고 응원했지. 언젠가 자아를 풍기지 않는 여자 음악가의
가사를 찾는다는 말을 듣고는 약간 의아해하며 자극받았다.

자아를 풍기는 글과 그림, 영화에 나를 투영하며 혼자가 아니라고 생각했다.

　음악 창작물을 함께 만들던 사람들과 자의로, 그리고 타의로 함께 일하는 걸 그만두었다. 그래도 함께할 사람들이 새로 생기거나 인연이 이어질 때마다 기대하고 감사하다고 절하고 싶은 마음이 들어요. 절은 왜 해. 절까지 해요? 너무 고마워하지 마. 내가 너무 잘 고마워한대. 그런데 계속 고마워할 거다.

　초등학교 6학년, 처음으로 주 과목 시험을 보고 반에서 10등을 했는데 아빠는 부끄럽다고 했다. 10등을 하다니. 10등을 한 것은 부끄러운 일일까. 세상이 헷갈리고 억울하고 화가 났다. 내가 경쟁을 하는 이유는 나에게 있지 않았다. 애초에 경쟁하려는 마음 자체가 있었나? 세상 사람들이 나보고 졌다고, 부끄럽다고 하니 화가 났다. 놀이는 재밌는 경쟁이다. 그렇다면 경쟁은 재밌다. 윷놀이와 카드놀이, 오목, 야외 놀이 등에서 지더라도 아쉽고 약 오르는 감정을 기꺼이 표현하며 좋겠다 축하한다고 하고 웃을 수 있는 마음새를 아빠한테서 배웠다. 져도 기꺼이 웃고 이겨도 기꺼이 웃는 시간.

　그래서 아빠에게 부끄럽다는 말을 들은 것이 충격이었다.

그때부터 성적이 상위권이어도 계속 더 잘할 수 있다는 말을 듣는 삶을 살았다. 경쟁과 순위가 싫었다. 경쟁하고 싶은 마음 자체가 사라졌다. 모든 것을 미워하게 된 이유가 이거였나? 순위가 높으면 기쁘면서도 경쟁하다가 1등이 아니라서 부끄럽다는 소리를 들을 모든 존재를 나와 동일시하기 시작했다. 이기는 자가 모든 걸 가지는 것도 싫었다. 이기는 자는 그만큼 잘났고 노력도 했을 테니 배울 점도 많겠지. 그렇지만 1등이 아닌 사람들에게서도 배울 게 많을걸.

엄마는 노래를 좋아하고 잘했다. 나는 아빠가 운전하는 차 뒷좌석에 동생과 한 자리씩 차지하고 앉아 앞을 보고 있었다. 조수석에 앉은 엄마가 얼굴을 보이지 않은 채로 어렸을 때 성악을 배우고 싶었다고 했다. 엄마의 가곡 부르는 소리가 집을 채웠다. 일요일 아침에 엄마의 노랫소리로 잠에서 깨기도 했다. 어렸을 적 나를 깨울 때도 엄마가 애—리얼~ 하고 노래 부르듯 깨우면 달콤하게 일어났다.

초등학교 때 교내 가창대회에 나갈 때마다 3위를 하면서도 만족하고 뿌듯했다. 아무도 나에게 가창대회에 참여해서 노래해 보라고 하지 않았다. 음악 쪽으로 가고 싶다고 처음으로 말했던 중학교 3학년의 나에게, 엄마는 다 시켜 봤지만 너는 아무것에도 재능이 없었고 그나마 제일 잘하는 게 공부라고 했다. 성인이 되어 그 말에 상처받았다고 하니 엄마는 기억이 나지 않는다고

했다. 언제나 네가 자랑스러웠다고. 시간을 포함한 사차원의
세계는 신비롭고 헷갈린다. 어제는 이 글을 쓰게 되어 엄마와
대화를 하다가 다시 그 말에 대한 이야기가 나왔는데, 엄마는
사실이긴 하다고 했다. 나 노래 잘했잖아. 내가 말했다. 엄마는
내가 어릴 때부터 노래를 좋아하고 잘하는지도 몰랐다고 한다.
내가 하고 싶어서 했기 때문에 좋았다. 그러면서도 상을 받지 못한
참여자들에게 마음이 쓰여 온전히 기분 좋은 적이 없었다.

초등학교 5학년부터 6학년 때까지 동네 성당을 다녔다.
친구가 가자고 해서 간 성가대에서는 아름다운 노래를 원 없이
할 수 있었다. 성당도 예쁘고 노래도 예쁘고 우리도 예쁘다고
느껴지는 곳이었다. 세례명이 없는 성가대원은 나뿐이었다.
세례명이 없으면 성체를 모시지 못하기 때문에 모두가 하나둘
성체를 모시러 갈 때마다 나 혼자 성가대석에 남아 노래를 불렀다.
성경 수업을 들어야 세례명을 받을 수 있어서 수업을 한 번
들었으나, 학원에 가고 공부할 시간인데 그런 걸 한다고 엄마에게
혼났다. 그 후로 성경 수업에 가지 않아 여전히 세례명이 없다. 내
인생에 아름다운 세례명은 영영 없을 것 같다.
　　5학년 2학기, 학교에서 괴롭힘을 당했다. 조그마한 서랍을

만드는 재료들로 구성된 키트가 준비물이었던 미술 시간이었다.
교실에서 나와 학교 건물 바로 옆에 있는 등나무 아래 탁자에서
의자에 앉아 서랍을 만들고 있었다. 선생님이 잠깐 자리를 비웠을
때 같은 반 학생들이 다 보고 있는데 함께 다니던 친구들이 나를
둘러싸고는 차가운 눈으로, 내가 수긍할 뻔하면서도 아주 억울한
이야기들을 했다. 학교로 들어가 화장실 입구 쪽 세면대에서 울며
손을 씻는 나에게 바로 전날 같이 놀았던 친구가 내 쪽으로 몸을
아예 숙여서 내 얼굴을 똑바로 보고 욕을 하고 지나갔다. 초등학교
6학년 때 교내 가창대회에서 1등을 했을 땐, 원래 항상 1등을 하던
친구가 울었다. 어떤 애가 나한테 말했다. 쟤 너 때문에 울잖아.
나는 1등을 못 하는 것보다 미움받는 것이 더 싫었다. 나도 울고
싶은 게 나 때문일까?

　　함께 성가대 활동을 하던 친구와도 멀어졌다. 그 와중에
성탄절 합창단의 솔로를 내가 맡게 되었다. 그해 성탄절을
성당에서 맞이했다면 얼마나 재밌었을까? 예쁘게 반짝이는
온갖 불빛들, 우리를 사랑하는 어른들, 사랑하는 친구들, 맛있는
음식들. 지금 같으면 솔로도 해낼 거야. 성가대 연습에 늘
참여하고 솔로 연습을 열심히 했다. 친구를 보기가 힘들고 미움
받을 것 같다는 생각에 더 미움 받을 것 같은 행동을 해 버렸다.
성탄절 당일에 성당에서 오는 연락도 받지 않고 성당에도 가지
않았다. 미리 계획하지도, 생각해 본 적도 없었다. 충동적이었다.

솔로를 하지 못하는 것이 아깝지 않을 정도로 그날 성당에 가기 싫었고 갈 수 없었다. 나와 멀어진 친구 믿음이가 심애리! 하며 울었고, 합창 솔로를 해냈다고 했다. 당연한 듯 무감각했다. 믿음이는 나에게 사랑을 알려 준 최초의 친구로, 우리의 화해는 너무 감동적인 나머지 너무 세세히 말하고 싶기 때문에 생략한다. 친구와 화해했다는 사실은 꼭 말하고 싶어서.

／

　중학생 때부터 밴드부에 들어가고 싶었다. 아직도 20년째 친구인 혜인은 신기하게도 우리가 초등학생일 때 자우림의 음악을 들었다. 당시만 해도 반에서 자우림을 듣는 친구들은 거의 없었다. 그때 20대였던 친척 오빠가 요즘 너는 뭐 듣냐 해서 자우림 노래를 들려주니 뭐 이런 걸 듣냐고 했다. 자우림의 노래 중에 처음으로 가장 좋아한 노래가 〈마왕〉(2000)이었으니 그 노래를 들려주었을 텐데 정확히는 기억나지 않는다. 에이브릴 라빈이 휘갈겨 쓴 가사가 담긴 앨범을 알게 되고 나서는 플레이어에 카세트테이프를 넣고 이어폰으로 귀를 막아 세상으로부터 자유를 얻었다.

　엄마에게 밴드부를 하고 싶다고 말했다가 밴드부와 공부 중에 하나를 선택하라는 말에 겁을 먹었다. 밴드부를 하면 공부도 못 하나 보다. 가족은 날 놓을 건가 보다. 그러다가 중학교

1학년 2학기, 등하교를 함께하던 친구와 하교하던 길인데 2학년 언니들이 우리에게 왔다. 풍물부 할래? 풍물부는 인기가 없었다. 부원들이 너무 부족해서 부원 재모집을 하고 있었다. 내가 풍물부에 들어가고 공연 준비를 하고 무대에 설 때도 같은 반 친구는 나에게 풍물이 재미있는지 물어보며 재미없어 보인다고 했다.

이제 엄마한테 미리 물어보지 말아야겠다. 하교하던 은정이와 그 자리에서 풍물부에 들어갔다. 풍물복을 입었고, 몸에 멘 장구를 쳤고, 무릎을 굽혔다 폈다 하는 오금 춤과 리듬을 연습했고, 시(市) 청소년 동아리 대회에 나가 상을 탔고, 동아리 부장이 되었다. 학기 중, 방학, 봄, 여름, 가을, 겨울 할 것 없이 운동장에서, 강당에서 연습했다. 동아리 활동으로 온갖 대회와 축제를 전전하다가 전통축제에 간 날, 북청사자놀이, 상모돌리기, 연등놀이, 단심줄놀이에 눈이 돌아갔다.

고등학교 입학 후 밴드부와 풍물부 중에 어디에 지원할지 고민하다가 뜬금없이 실용음악 동아리에서 노래를 하게 되었다. 밴드부에 들어가려고 밴드부 선배에게 문의할 때만 해도 보컬이 아니라 키보드로 들어가려고 했다. 무대에서 노래하는 것이 겁났다. 내가 무대에서 나서서 노래해도 될까? 실용음악 동아리 오디션은 강당에서 이루어졌는데 내가 준비해 간 곡을 부르다가 삑사리를 냈고 어쩔 줄 몰라 하다가 내려왔다. 실수를 하고도

23

동아리에 붙었다는 이야기가 들렸고 불공정한 선택을 받은 것 같아서 또 죄책감이 들었다. 그렇지만 하고 싶은 동아리에 붙은 기회를 버리지는 않았다.

밥을 먹으러 학교 급식실에 갔을 때, 어떤 상급생이 자기 친구에게 쟤가 OT 때 치마 입은 애냐고 물으면서 날 성난 눈빛으로 봤다. 성별 상관없이 잘 지내던 친구들 사이에서도 한 친구는 내게 너는 남자애들이랑 친하니까! 하면서 찡그린 얼굴로 볼멘소리를 했다. 다른 친구도 다 서로 잘 지내는데?……나는 어중간하게 호감형이지만 알고 보면 둥글지 않은 성격이어서 미움을 받았을까. 어쨌거나 그런 말들 때문에 나를 검열하게 되었다. 며칠 지나지 않아, 그 말을 했던 친구가 남자인 친구 등에 손으로 글씨를 써서 알아맞히기 놀이를 하고 있었다. 혼란스러웠다. 마음에 미움이 가득해졌다. 그 친구는 왜 나한테 그런 말을 했을까? 학교에서도 집에서도 살기 싫어서 처음으로 목을 매다는 상상을 했다. 집에서 밤에 방문을 열어 놓고 침대에 누워 통곡을 해도 거실에 있는 가족 아무도 와 주지 않았다.

성인이 되기 싫었다. 내가 어떤 삶을 어떻게 살든 우리 가족은 나를 마음에 들어 하지 않을 것이며 나는 그걸 말끔히 무시하지는 못하고 힘들어하겠지. 청소년이었을 때 미래를 그려 보면 정말 깜깜했다. 아무것도 보이지 않았다. 교대에 지원하지 않자 집에서 부모 말을 정말 무시하는 애라며 나와 말을 섞고 싶지도 않다는 말을 들었다. 성적에 맞춰 대학에 들어갔다. 입학 전 아르바이트를 해 보는 것도 시간 아깝다고 화내던 부모님은 하루빨리 취직 준비를 하라고 했다. 나는 대학교 1학년이 되자마자 학교에서 따로 진행하는 토익 수업을 듣기 시작했다. 조용히 살아야겠다. 조용히 죽은 듯이 돈 벌며 살아야지. 회색, 검은색, 갈색 옷만 입었다. 최대한 평범해 보여야겠다. 튀기 싫어. 추워. 날 다 죽이려고 해. 살기 싫어.

어느 날 저녁, 노천극장에서 밴드부가 공연을 하고 있었다. 과 동기가 밴드부에 지원해 보려고 한다는 이야기를 들었다. 죽은 듯이 공부해서 취직하며 살기로 한 다짐은 여전했는데 덜컥 지원을 해 버렸다. 중학생 때부터 하고 싶었던 밴드부 보컬 오디션을 봤고, 학교 밴드 동아리의 보컬이 되었다. 느린 음악을 좋아하던 내가 아주 빠른 가사를 외우고 무대에서 소리를 지르며 이상한 몸짓으로 노래하게 되었다.

이미 절망스러운 마음으로 나락에서 살던 마음이 억울하기도 했다. 절망스럽고 죽은 듯이 사는 것으로 스무 살이 시작되었다. 싸이월드에서 사진첩 목록을 아예 열지 않은 지 몇 년째였다. 나의 모습을 보여 줄 이유가 없었다. 죽은 채로 사니까. 절망스러운 정신만이 나를 지배한 채로 나는 다이어리에 시만 쓰고, 게시판에 좋아하는 영화와 뮤직비디오, 라이브 영상을 찾아 모으기만 했다.

스물넷, 교환학생으로 미국 캘리포니아 롱비치에 가게 되었다. 한 학기 동안 잠시 머무는 터라 모든 것이 새롭게 느껴졌다. 가볍게 입고 운동하는 사람들이 많았고, 잔디밭 어디에든 사람들이 돗자리도 깔지 않고 누워 일광욕을 즐겼다. 수업에만 열심히 참여하면 수업 듣는 자세가 어떻든 어떻게 앉든 상관이 없었다. 학생의 태도를 예의 없음과 연관시키는 교수나 강사가 없었다. 한마디로 그때 내가 속했던 한국 사회보다 남 눈치를 덜 봐도 되는 분위기였다. 어떻게든 꼬투리 잡힐 것 같아 전전긍긍하던 마음에 자유의 바람이 불었다.

교환학생으로 간 학교에서는 행복의 심리학(Psychology of Happiness)이라는 수업을 들었다. 행복이 뭐지? 행복하고 싶다. 수업에서 행복과 긍정심리학에 대해 배웠고, 내가 혐오하던 자기계발서나 멀어져 버린 종교와 행복이 연결될 수도 있을 것 같아 재밌었다. 몸에 익숙하지 않은 옷이었지만 수업을 듣고 책을 읽고 과제를 해내며 머릿속에 행복이라는 개념을 쑤셔 넣었다. 그러다 문득 세상에 대한 복수심으로 인생을 버리고 싶었던 마음이 아까워졌다. 내 인생을 내가 스스로 만들어 보고 싶었다.

　　내 사이키델릭과 노래는 이 연대기에서 왔다. 미안해
솔직하지 못한 내가 어쩌다 들어가서 노래 부른 성가대. 어쩌다
들어가서 연주하게 된 풍물부 장구. 어쩌다 들어가서 사람들과
화음을 맞춰 노래하게 된 실용음악 동아리. 죽은 듯이 살려다가
못 이룬 꿈 이뤄 볼까 하고 보컬로 들어간 밴드부. 갑자기 조건이
된다는 걸 알고 떠나게 된 교환학생 프로그램. 종교적, 국악,
이국적. 내 음악에 따라붙는 수식어 중에 내가 제대로 아는 게 없는
기분이었는데, 글을 쓰면서 연결고리를 맞춰 본다.

　　내가 긍정적인 사람이라 동조나 위로를 잘 못해도 이해해 줘.
엄마는 얼마 전에 그렇게 말하고 해맑게 웃었다. 얄미울
뻔했다가 귀여운 말과 태도에 이내 안정감이 찾아온다. 우린
서로 10년 동안 소리 지르고 울며 싸웠다. 아직 가족과 같은 집에
살던 시기에 처음으로 무기력이 심해 일어나지 못했다. 한밤중에
침대에 누워 있는데 입이 저절로 크게 벌어져서 큰 울음소리가
나왔다. 그때부터 엄마, 아빠는 내가 건강하기만을 바란다며 나를
놓아 주었다. 항상 반항심에 차 있던 마음에 저절로 감사함이

생겼다. 내가 우울증과 공황증세로 힘들어할 때 엄마가 함께
눈물을 흘리기도 했다. 많이 무너진 시기, 엄마는 충분히 큰 힘이
되어 주었다. 엄마는 따뜻하게 울고 웃으면서도 내 말에 지나치게
몰입하지는 않았다. 물론 엄마에게는 부정적인 자아상도 있지만,
엄마가 스스로 긍정적인 자아상을 내비칠 때마다 나는 엄마가
기분 좋은 게 기분 좋아서 웃음이 난다.

동일시라는 게 장단점이 있어. 아프냐. 나도 아프다. 세상의
모든 아픈 사람들을 보고 듣고 겪으며 아프다. 동일시를 하는군요.
상담 센터 소장님은 말했고, 집에 와서 동일시에 대한 정보를
찾아보며 웹 사이트를 전전한다. 타인과의 밀접한 관계, 양심과
사회적 가치와 규범. 그래, 나는 이런 사람이네. 그러다가 보이는
빈약한 자아, 불안을 감소하는 방어기제. 그리고 나는 누구지?

누나는 그냥 사람을 싫어하는 것 같은데요?

이 말을 들은 건 염세주의자처럼 보이던 20대 초반. 20대
중반에는 가족에 대한 미움이 해소되었지만, 미워하는 습관이
남아 있던 건지 내가 겪은 일로 힘들어서 그랬는지 (당연히 둘
다겠지) 서른까지 내 마음에는 나와 세상에 대한 미움이 가득했다.
미움이 가득했던 날도 생각해 보면 너무 사랑하고 사랑받고
싶어서였다. 그땐 내 방식을 너무 고집했던 걸까? 30대 초반이
되자 나를 해치지 않을 만큼만 세상과 나를 미워하는 방법을
찾아냈다. 지금은 사랑을 더 많이 나눌 수 있게 되어서 기쁘다.

이제는 키라라가 나에 대해서 박애주의자라고 표현할 정도가 된
게 나도 신기하다.

사랑을 심었다. 나, 내가 만난 사람들, 세상을 너무 사랑했다.

／

사랑하는 언니. 언니는 늘 교실 맨 앞에 앉았고, 자주 손을
들고 질문했다. 뒤통수만 보였지만 언니가 쓴 안경 속 두 눈이
반짝이고 있는 것도 볼 수 있었다. 발표와 다른 사람의 발표에
대한 질문, 수업에 대한 질문이 너무 열성적이어서 그랬을까. 언제
어디에선가 실소가 들리기도 했지만, 아랑곳하지 않는 듯했다.
그 수업을 한 번 듣고 나서 다시 청강을 하는 거랬다. 언니의 글은
폭력적이고 귀엽게 슬펐다. 언니가 발표할 때 내가 손을 들어 글이
너무 좋다고 말해 버린 게 그 수업에서의 내 유일한 발언이었을
것이다. 언니와 언니의 글을 그때부터 사랑했다.

대학 교양 과목으로 문예창작 수업을 들었다. 〈어젯밤〉의
시작이었다. 창작물 과제는 모두가 볼 수 있게 온라인 카페에
제출해야 했다. 다른 학생들이 올린 과제물을 모조리 읽었다.
그렇게 멀쩡해 보이던 사람들이 다들 이렇게 이상하고
아릿하다고? 다들 글 쓰며 살았으면 좋겠다. 내가 좀 읽어보게.
카페에서 내 옆에 앉은 사람은 무슨 글을 쓰게 될까?

어젯밤

흩날리던 글자의 결이 시리구나
휘파람도 나를 스쳐 갔어
이상한 이야기
곧 스러지는 단어의 춤
곧 미끄러질 표정들이
담벼락에서 헤매이네

흩어지던 글자 사이로 풀 내음이
꽃들이 만발하고
곧 스러지는 이야기들
부끄러워질 목소리들
타들어 가는 주정뱅이
깰수록 커지는 상실감

아 깨지 마세요
아 깨지 마세요

무너진 담이 보여 준 아침
무너진 내 맘이 벗겨 내 버린 거짓말

스무 살, 손가락 마디까지 얼얼하게 온몸이 자주 아팠으며, 매일 우는 듯한 지 오래되었다. 사회성 없어 보인다는 말을 반복해서 들으니 나만 이상한 사람처럼 느껴졌다. 사회성 없는 나는 자주 화가 나서, 화나는 말을 하는 사람이 부모여도 선생이어도 선배여도 노려봤고, 집에서도 밖에서도 '싸가지 없다'는 이야기를 들었으며, 오래 알았던 사람들과 새로 알게 된 사람들한테서 화장 좀 하고 힐 좀 신으라는 얘기도 덤으로 들었다. 안 그래도 세상을 터뜨리고 싶은데 나 먼저 터질 것 같았다.

문예창작 수업을 이끄는 선생님은 교실 밖 술자리를 만들었다. 중학생 때 처음 술을 먹었을 때도, 문예창작 수업을 듣던 때도, 지금도 술을 못 마신다. 온 세상이 취하는 기분을 나만 못 취할 때 억울한 기분 아시나요. 그래서 그랬나 봐. 음악에, 문학에, 영화에 취해 있었지. 음악이 친구이고, 문학이 엄마고, 영화가 아빠였다. 그러니까 문예창작 수업 술자리에는 가 봐야 할 것 같다. 제도적으로 정제된 멋짐을 벗어난 음악 동아리에서는 또 다른 멋짐이 필요했다. 그럴듯하게 멋지지 않으면 차별하고 놀리는 게 싫었다. 글 쓰는 사람들은 다르려나?

선생님이 만든 술자리에 참여하려고 학교 정문 앞 횡단보도를 건너려는데 언니가 보였다. 저기요, 말을 걸었더니 아니요, 했다. 뭐가 아니지? 문예창작 수업 모임 가세요? 아, 네. 했던가. 포교하려고 한 줄 알았다고. 저 언니 발표한 시에 좋다고 말했었는데. 기억이 안 나요.

선생님은 학교 문학회 출신이었다. 언니는 선생님의 문학회 영업에 홀랑 넘어가서 바로 동아리 회장을 맡게 되었다. 언니는 나에게도 문학회를 하겠느냐고 물었다. 밴드부 때문에 참여를 많이 못 할 것 같은데 괜찮을까? 괜찮아, 편하게 오고 싶을 때 와. 그렇게 스무 살이 끝나 가는 겨울에 문학회 부원이 되었다.

문학회에서는 왠지 예의가 조금 없는 사람이 되고 싶었다. 다른 곳에서 호기심이 생기는 사람들에게 배려하며 다가갔다고 생각했는데 호구가 되는 기분이어서 화가 난 상태였다. 해맑게 아무 눈치도 없고 적당히 이기적인 사람으로 있으면 아무도 날 괴롭히지 않겠지. 상황 파악도 못 하고 미운 사람에게 무엇을 맡기겠어. 책임감 없어 보이는 사람에게는 어떤 짐도 주지 않겠지. 처음부터 기대감을 낮춰 놓는 거야.

적어도 내가 노천극장에 친구와 앉아 있을 때 우정과 존중을 나눴다고 생각했던 사람이 아무 말도 없이 내 무릎에 자기 가방을 턱 올리고 그냥 가 버리는 것처럼 나를 대하지는 않겠지. 날 애정하고 응원하다가 내가 다른 사람들에게 칭찬받으면 갑자기 인상을 찡그리고 내 앞을 확 스치듯 지나가 버리며 존나 자우림 같네 하는 (나에게는 좋은 말이지만) 사람 옆에서 헷갈리지 않아도 되겠지. 그리고 그 이후에 점점 더 심해지는 안하무인을 이해해 보려 이 생각 저 생각 그 사람 입장 생각하다가 울화통이 터져서

이런 얘길 터놓으면 또 착한 척하다 선배 뒤통수치는 애가 되어
버리는 일도 없겠지.

교양 수업에서 언니와 나를 포함한 몇몇이 한꺼번에
문학회에 들어가게 되었고, 우리들은 기존 부원들과 함께
처음으로 합평을 했다. 회장이 된 언니는 첫 합평을 위해 모인
자리에서 시작 전에 편의점에서 뭐라도 사 오자는 제안을 했다.
나는 몸을 뒤로 기댄 채 그냥 있겠다고 했다. 피곤해서라고
했었나? 그렇게 마음껏 미움 받을 준비를 하고 있었다. 깜짝 놀란
건 예상대로 사람들이 나에게 책임감을 바라지 않는 상황이어서가
아니었다. 언니는 식당에 가서 수저를 놓지 않는 막내 신입 같은
내 모습이 귀엽다고 웃었다. 언니는 도대체 어떻게 그럴 수가
있었을까? 대놓고 미운 모습을 보이는데 사랑해 주는 사람.
사랑받는데 어찌 사랑하지 않을 수가.

〈어젯밤〉의 원형은 스무 살 때 너무 싫었던 온 세상 사람들에
대한 욕지거리이자, 가시를 세우고 속으로 남을 헐뜯는 내
모습에 대한 자기혐오였다. 각종 술자리에서 어떻게 할지 몰라
부적응하는 나를 담은 시 「이상한 이야기」가 출발점이기도 했다.
어떤 술자리에서는 술을 강요하며, '억지 텐션'을 부리지 않는 내게
너무 어둡다거나 술도 마시면 늘 수 있다는 말을 지겹도록 했다.
저떤 술자리에서는 서로 기 싸움 하는 상황, 위트 있는 척 말로
모든 사람들을 찍어 눌러야 직성이 풀리는 사람, 온갖 사회적 약자

또는 소수자 혐오가 가득한 말들을 견뎌야 했다.

문학회에서는 보통 다른 사람들의 글을 읽고 감탄하기 바빴다. 다른 사람들의 아픔과 사랑을 읽으며 외롭지 않았다. 내 글을 가져가서 합평한 적은 몇 번 없다. 그래도 몇 번 가져간 글 중에 하나가 「이상한 이야기」라는 시였다.

흩날리던 글자의 결이 시리다 허공이 풍선처럼 부풀어 오를 때는 글자의 속도가 더 빨라졌고 뒤따라 질주하는 휘파람이 나를 팅긴다

단어가 춤을 추다 스러지자
곧 표정들이 따라 미끄러진다
담벼락에서 헤맨다

무턱대고 굳은 글자 그 사이에서 연두색 풀 내음이 전주곡으로 만발하고
다시
이야기가 으스러지던 그때 목소리는 부끄러워졌다

타들어 가는 주정뱅이, 눈에 어제가 서리자 눈을 껌뻑인다 오늘이여 오라 자꾸만 주문을 외우고

갈수록 커지는 상실감은 사라지는 어제가 아니에요 오늘엔 어제
가 있다는 포만감 때문이지

깨지 마세요 깨지 마세요 차라리 주문을 바꿔 봐도
무너진 담이 보여 준 아침엔 낙서가 그득
단어는 소용돌이에 휘말려 발가벗겨졌다 잔해가 된 담 아래 깔린
채
이마저 아름답다고 했던 이들은 이제 저기 매몰되어 마주 앉아
인사한다
왼손 검지 하나 오른쪽 눈 하나를 두고
—「이상한 이야기」

혐오가 가득한 사람들 사이에서 나도 함께 있는 사람들과
더불어 스스로를 혐오하게 됐다. 내가 만난 거의 모든 사람을
싫어했다. 저 사람은 옷을 못 입는다는 둥, 나더러는 가슴이
작다는 둥, 누가 쌍꺼풀을 했느니, 너도 할 거지라느니, 그런 말을
왜 들어야 했을까? 이러쿵저러쿵 말이 불편했다. 나도 남에 대해
이러쿵저러쿵하면서도. 그런데 언니는 좋았다. 언닌 애초에 이런
말 같은 건 하지 않았다. 언니만 달랐다. 애리야, 미안해. 속상할
줄 몰랐어. 그런데 그렇게 화내면서 가니까 무섭더라. 다음부터는
그러지 말아 줘. 이런 말을 솔직하게 할 수 있는 사람을 몇 년 만에

만났는지. 다시 한번, 사랑할 수밖에 없었다.

문학회에서 스트레스를 받는 일은 별로 없었다. 노래하는 것이 중요해서 밴드부 활동에 치중하느라 그랬을 수도 있다. 문학회 활동을 몇 년간 하기는 했지만 합평이나 언니와의 만남 외에는 큰 비중을 두지 않았다. 문학회에 혐오가 있기는 했어도, 그건 혐오를 혐오하거나 좀 더 지적인 유형의 혐오였던 것으로 기억한다. 그래도 여전히 혐오였지만, 위계나 외면에 대한 원색적인 혐오에 지친 나는 문학회가 (다른 성질의) 혐오 분위기였다고 해도 마치 피난처처럼 느껴졌다.

첫 CC 생활도 눈물투성이였다. 언니를 만나러 갔던가, 그 자리에는 문예창작 선생님이자 문학회 선배님인 분이 있었다. 거기서 울었다. 자세한 건 기억나지 않지만 CC 생활을 이야기하면서였을 것이다. 선생님은 임자 만났네 했다. 궁금해서 눈물이 쏙 들어갔다. 그 말의 뜻이 뭔지 알 수 없었고, 지금도 모르며, 알 필요가 있을까. 그렇지만 재밌어서 종종 다른 친구에게 그 말을 할 때가 있다.

후에 언니는 2010년대 중반에 제비다방에서 공연하는 나를 보러 왔고, 뒤풀이에 함께했다. 애리는 어떤 사람이었나요? 맨날

울었지. 지금이랑 똑같네. 내 앞에서 대화를 나누던 두 사람. 정아 언니. 또 한 사람 키라라는 또 한 명의 사랑하는 친구가 되었다.

첫 CC가 끝나고, 길을 걸으며 고래고래 울면서 언니와 통화했다. 도대체 왜 그렇게 지겹게 울었을까. 울었다는 말이 지겹도록 우네. 울지 않고 분노하지 않는 사람들은 세상의 슬픔과 역겨움을 볼 자신이 없는 비겁한 사람들 같았어. 그리고 이제는 기꺼이 비겁한 사람이 되었지. 비겁하다는 것을 아는 박애주의자.

없어지는
길

길목에 선 발간
노을 아련히 춤추네
그대와 춤추던 길목
이르게 더듬네

길 따라 놓인 이 하얀 눈송이
밟히네
그대와 밟았던 길목 천천히 쌓이네
길가에 나앉은 벚꽃 그 잎들 날리네
내가 나앉았던 길목 무겁게 금 가네

40

온 계절을 함께 보냈던 사람과 헤어지고 나서 그다음 온
계절을 아파하며 지내며 〈없어지는 길〉을 썼다. 함께한 시간을
미워하고 그리워하고 애달파하다가 드디어 연민할 수 있었다.
몇 해가 지나 발매를 준비하며 뮤직비디오를 준비할 때 길이 금
가다가 붕괴되는 이미지에 대한 아이디어를 냈다.

아주 강렬하게 사랑했던 사람들은 '비밀'과 관련이 있다.
비밀은 나를 송두리째 흔들다가 땅에 내팽개쳤다. 그래서 더
사랑했다고 믿는 걸까? 비밀은 숨길 내용과 숨길 대상이 있어야
존재할 수 있다. 비밀 관계를 숨겨야 하는 대상이 많은 사회에서는
연기를 해야 했다. 실제로 나는 대학 시절에 연기를 시도하기도
했다. 돈 받고 하는 연기도 못하는데 돈 안 받고 하는 연기는
얼마나 못할까. 연기를 못해서 나는 나를 그냥 숨겼다. 줄글보다는
시가 편했다. 숨길 수 있어서. 숨기는데 아름답고 재밌게. 상황과
생각과 마음 모두. SNS에 일기 같은 글은 잘 쓰지 않았다.
　　트위터를 만나고 오히려 편하게 나를 드러내는 글쓰기에
익숙해져서 이젠 응축된 글을 쓰는 법을 잊어버린 것 같다.
그렇다고 모든 걸 쓸 수 있진 않아. 비밀은 언제나 있는 거야.
모조리 쓰고 말하는 것 같다는 말을 들었다. 나의 비밀도, 너의

비밀도, 모두 쓸 수는 없어요. 모두 말할 수는 없어요. 괴롭다고 소리쳐 대고 언저리만 말할 뿐.

비밀 관계의 후유증에 시달리던 어느 날, 홍대에서 음악 생활한 지 얼마 안 되어 홍대에 거처를 둔 친구 집 앞에 갔다. 낡은 우편함이 더럽게 녹슬어 있었다. 별로 떨어지지 않은 곳에 새 우편함이 태양을 반사하며 빛나고 있었고. 너덜너덜한 마음으로 낡은 우편함이 아무런 쓸모도 없이 살아간다. 발끝을 보니 콘크리트를 뚫고 뿌리내린 민들레가 노랗게 펴 있었다.

낡은 우편함

우체국 앞에서 발에 걸린
돌에
편지 한 장을 들고 애꿎은
땅만 노려보네
나밖에는 모를 이야기를 안고
마침 또 비가 와서 나도 비를
내려

수신되지 않은 독백을 낡은
우편함으로 전송하네
철거되지 못했던 구물
다섯 발자국 옆 새 우편함
반짝이며 절 뽐내네
나는 쓰임새 없이 녹슬어
간다

아직도 쓰일까 싶은
낡은 우편함
노란 민들레
하나가
잠시 친구
되어 주네

44

제주도 곶자왈에 갔다. 도슨트의 발걸음을 따라가고 말을 들으며 숲을 거닐었다. 식물이 생존하기 위해 어떤 모습을 하게 되었는지 설명을 들으니 사느라 힘든 식물들에게 미안하지만 위로받는 느낌이었다. 태어난 이상 생존하기 위해 고군분투하는 게 당연했다니. 곶자왈이라는 숲은 남방계식물과 북방계식물이 공존하는 생물 종 다양성이 두드러진다. 흙이 많지 않아 열악해서 식물들끼리 치열한 생존경쟁을 벌인다.

화산탄 위에 뿌리를 내리고 살아가는 나무에 대해 들었다. 할머니는 아빠에 대해 바위 위에다 올려놓아도 뿌리를 내리고 사는 소나무처럼 강단이 있다고 친척들에게 말씀하셨다고 했다. 강하다 못해 찌르면 피 한 방울도 나올 것 같지 않은 아빠와 쉽게 울고 마는 나는 오랫동안 갈등을 빚었고, 그동안 아빠가 궁금했다. 강할 것을 요구하고, 약한 것을 혼내는 아빠 앞에서 나는 계속 약한 기분이었다. 물론 어렸을 때 거짓말을 해서 많이 혼난 것도 있지만. 도대체 어떻게 아빠는 다 아는 거지?

사회 구조에서 끊임없이 올라가기 위해 강할 것을 요구하는 분위기를 맞닥뜨리면 반항심이 들었다. 나는 그래서 어떻게 할 것인가? 나락으로 떨어지는 삶을 사는 걸로 복수라도 할까 싶은 반발심이 들었다. 보이지 않는 사랑을 확인하려고 가슴속을 샅샅이 헤집어 봤다. 어긋난 건 나를 슬픔과 분노의 독 안에 빠뜨렸다. 약한 존재에 대한 혐오에 혐오가 일었다.

하지만 고개를 숙이고 들어가야 할 정도로 작고 허름한 이발소에서 머리를 깎는 아빠, 20년 동안 흙과 생명, 자연을 느끼며 엄마와 함께 농사를 짓는 아빠, 특수교육계에서 은퇴하여 사회복지사로 살아가는 아빠, 온 가족, 친척, 이웃, 친구 등 사람들에게 농산물과 시간과 추억을 공유하려는 아빠, 함께 사는 사회를 열망하면서 자신의 일에 최선을 다 하는 아빠. 다른 존재와 함께 살아가려는 그 강함은 모두와 풍요롭게 생존하고 싶은 마음에서 나왔다.

곶자왈의 한 나무는 서로 반대 방향으로 감고 올라가는 두 개의 덩굴이 각자 윗자리를 선점하고자 경쟁하며 엎치락뒤치락하고 있었다. 어느 부분은 덩굴 A가 위에 있고 또 올라가면 덩굴 B가 위에 있다. 깔아뭉개진 부분은 거의 죽어 있다. 치열하고 무서웠다. 인간만 무서운 게 아니었어. 자연은 아름다운 동시에 무섭다. 생존 본능은 경외를 자아낸다. 영화 〈지구를 지켜라!〉(2003)에서 사회를 인간 아닌 동물의 세계로 겹쳐 보여 준 것이 뇌리에 박혔다.

에덴

바람이 휘이 부는 땅 위에서
별들이 반짝이는 하늘 아래
악다구니 그만 쏟고 노래하라 하네

바다가 들려주는 노래에서
나무가 뿜어내는 녹음 속에
상처 받은 폐를 놓고 숨 쉬라 하네

가시밭길만 걸어왔었나
이제는 다시 울창할 땐가

눈을 감고 바라보네
눈을 감고 안아 주네
나를

돌들이 속삭이는 틈새에서
꽃들이 사근대는 기우뚱 안에
사랑의 달콤함이 나를 웃게 해

가시밭길만 걸어왔었나
이제는 다시 울창할 땐가

눈을 감고 바라보네
눈을 감고 안아 주네
나를
나를

 나를 안아 줘 나를
나를 안아 줘 나를

48

무섭고 잔인한 에덴에서 살아가는 나는 사랑을 원해서 힘들었을까. 안아 달라고. 안겨 있고 싶다고. 그리고 나도 안아 주고 싶다고. 인간이라는 동물로 사는 삶에서 다른 존재들과 안으며 살아가고 싶어.

　　　　　　　　　　　　／

내 음악을 사랑해 주던 사람들과 EP 앨범 《SEEDS》를 만들고 있었다. 어느 비 오는 날, 통기타를 아무렇게나 연주하며 두어 번 흥얼거리다, 스마트폰의 녹음 어플리케이션을 켜서 기타 연주와 노래를 동시에 녹음했다. 빗소리도 함께 녹음되었다. 그리고 로직[DAW(Digital Audio Workstation), 즉 디지털 오디오 신호를 녹음, 편집, 재생하는 프로그램의 일종] 프로젝트에 녹음 파일을 올려서 아무 소리를 가져다가 어울리는 부분에 집어넣었다. 분노와 슬픔의 시절이 끝나기 1~2년 전 무렵, 〈비 오는 날 씨앗으로 틔우는 여정〉은 사랑하던 사람과 함께 있다가 만든 노래였다. 흠. 목을 가다듬는 소리가 그대로 들어갔고, 뒤에서 사부작 움직이는 소리도 들어갔다.

비 오는 날 씨앗으로
틔우는 여정

　　씨앗
　씨앗
　씨앗
씨앗
　　　　　씨앗
　　　　씨앗
　　　　씨앗
　　　씨발

　　　씨앗
　　씨발
　　씨발
　씨발새끼

　　씨앗
　씨앗
씨앗
　　　　　　　　씨앗을 심고서
　　　　　　　　꽃들을 피우고
　　　　　　　　다시 스며 나는
　　　　　　　　나는 거기에 머무른다

　　　　　　　　씨앗 피우고
　　　　　　　　　나는 연꽃
　　　　　　　　꽃이 꽃이 피우면
　　　　나는 언제까지 이걸 반복하고 살려나
　　　그냥 주저앉아 바라보면 안 돼 보려나

50

뮤직비디오도 직접 만들었다. 조회 수가 높지 않아 사람들이 잘 찾지 않는다는 생각에 주눅이 들었는데, 작년과 올해, 두 명의 음악가가 그 뮤직비디오가 최고라면서 추켜세우며 좋아해 줘서 신기하고 기분이 좋았다. 내가 할 수 있는 만큼, 하고 싶은 것에 가닿기 위해 노력해 보자. 꼭 많은 사람들에게 가닿지 않아도. 누군가가 좋아해 줬다면 기쁜 마음은 어쩔 수 없어!

노래에서 욕을 해 버린 걸 드러내는 게 부끄러워서 가사를 싣지 않았다. 음원 스트리밍 사이트에도, CD에도. LP를 만들 때는 가사를 공개하고 싶어져서 넣었다. 이 글에 기록할 가사를 찾아보기 위해 팔다 남은 LP를 찾아봤는데 새삼 예쁘다. 이렇게 예쁘게 만들어 놓고 팔리지 않았다고 슬퍼했구나 싶어서 또 슬프다. 이젠 안심하는 슬픔이다.

앨범을 내고 난 후 1년 동안도 미움에 짓눌려 아파하다가 드디어 사랑하는 마음으로 편해질 수 있었다.

파종 축제가 끝난 후

스물아홉에 첫 앨범을 내고 서른에 한국대중음악상
올해의신인상을 받았다. 올해의신인 부문에 선정된 것만으로도
얼떨떨하고 신이 났다. 다른 후보들의 음악을 들어 보며 좋은
음악을 만들어 내는 사람들이 이렇게나 많다는 걸 느꼈다. 얼마나
치열하게 고민하면서 앨범을 만들었을지. 사운드와 가사, 연주,
편곡, 믹싱, 마스터링, 음원·음반 유통과 홍보에 함께 사용될
시각적 작업도 필요한데. 다들 대단해.

내 왼쪽에 키라라가 앉았다. 올해의신인상 후보 소개 후
수상자를 말하기 전까지 시상자는 뜸을 많이 들였다. 어떠한
기대도 하지 않기로 했으면서 두근두근하기도 했다. 엄청난

음악을 만들어 내는 음악가들 사이에서 후보로 선정된 것만으로 놀라웠고, 이 시상식에 참여할 수 있다는 것에 즐거웠다. 그런데 애리가 불렸다. 너무 기뻐하고 축하해 주는 키라라를 지나 수상을 하러 계단을 뛰어 내려가며 그 사이에 울음이 터졌다. 이런 날이 오다니.

앨범을 함께 만들었던 사람들과 같이 축하할 수 없다는 것이 속상했다. 독한 말은 뱉은 만큼 아프다. 마음에 돌을 얹은 것 같았다. 내가 만든 음악을 사랑해 주며 함께 만들어 줬던 그 시간들이 생각났지만 미움도 녹아 있었다. 양파는 볶으면 달아진다. 안 그래도 단 볶은 양파를 설탕물에 절였다. 양파에 깊이 스며든 설탕의 달콤한 맛에 양파 본연의 단맛은 느껴질 듯 말 듯 하다.

앨범을 내기 전에 지원서를 냈던 오디션 프로그램이나 음악 매체에는 하나하나 다 떨어졌었다. 예선을 볼 기회도 없었다. 하지만 지금까지도 매해 힘을 내서 지원하고 있다. 그런데 상을 받았던 2019년, 헬로루키 예선 심사에 붙었다. 예선, 본선 심사를 지나 결선 대회가 왔다. 리허설을 마치고 경연 전에 너무 불안할 때 복용하도록 처방받은 데파스 0.2mg을 먹으니 떨리지 않았다.

감동적인 공연을 보면 행복하다. 하지만 그렇게 감동적인 공연을 하는 다른 팀들과 내가 경쟁을 해야 한다고? 이렇게 엄청난 사람들과 그 사람들의 음악인데? 떨리지는 않았으나 압도되었다.

54

응원하러 와 준 친구들 중 키라라와 사월에게 잠깐 인사하며 나 망했어, 하지만 해 볼게, 응원해 줘, 고마워 했다. 친구들의 표정을 헤아릴 겨를이 없었다.

경연이 시작되었다. 스포트라이트가 내가 서 있는 무대를 밝게 비췄다. 리허설 때까지도 괜찮던 기타 이펙터가 고장 나며 여유를 잃은 내 모습을 그 빛이 비췄다. 디스토션 이펙터가 고장 나서 평소 구현해 놓았던 소리보다 기타 소리가 작게 나왔다. 내 눈은 이펙터에 고정되었고 발은 쉴 새 없이 어떻게 해 보려고 바빠졌다. 그러나 경연 공연은 한 번뿐이다. 나는 이내 받아들였다. 이펙터는 고장 났어. 이 경연을 위해 준비하던 시간은 이걸로 마무리되었어. 정말로 망해 버렸지만, 해야지, 어떡해.

시상식이 진행될 때 모든 팀이 무대 위에 함께 올랐다. 한 팀 한 팀 이름이 불려 나갔고 나는 겸허히 서 있었다. 정말 일말의 기대도 하지 않았다. 두근두근하지도 않았다. 공연을 망쳤고, 경연 내내 곡을 바꾸지 않고 나의 가장 나다움을 보여 주기 위해 〈어젯밤〉만 고집스럽게 불렀으며, 그러면서도 몇 년 동안 부른 이 곡이 스스로도 지겨웠고, 디스토션 범벅으로 보컬에 이펙터를 먹이고 소리를 질러 대는 내 목소리를 못 듣겠다던 어떤 글도 생각났다. 여기서 끝이구나. 되뇌었다.

그런데 대상에 애리가 불렸다. 나는 얼떨떨하게 천천히 발걸음을 옮겼다. 알쏭달쏭했다. 내가 받아도 되는 걸까? 나는 부풀려진 게 아닐까? 부풀려졌다면, 왜, 어떻게? 마음은 아직 지옥이었다. 하지만 1,000만 원이 생겼고, 대상이라는 타이틀이 생겼잖아. 친구들도 모두 축하해 주고 있어. 감사해. 정말 감사해. 그런데 혼란스럽고 부담스럽다고? 어디서 배부른 소리를 하고 있는 거니.

음악만 하면 행복해질 줄 알았던 걸까. 창작가에 대한 환상이 짙었다. 하지만 음악을 하러 나온 곳에도 나를 괴롭게 하는 말과 행동을 하는 사람들이 있었다. 그 사람들을 미워하며 여전히 매일 썩어 가는 마음으로 눈을 뜨고 눈을 감았다. 아침에 일어나도 죽고 싶고, 밤에 자기 전에도 죽고 싶어서 하루 종일 울었다. 한 많은 귀신이 되어 버린 것 같았다. 사람들은 원망으로 가득 찬 귀신을 무서워하고 불편해하는 것 같아. 무서운 귀신이 되는 게 싫었다. 어떻게 살아야 할지 모르고 한만이 나를 휘감아 합주와 공연 외에는 매일 누워 있었다. 매일 음식을 사 먹었다. 매일 못 씻었다.

2019년에 받은 두 개의 상으로 많이 안정을 찾았다. 무례했던 사람들도 더 이상 나를 무례하게 대하지 않았다. 무례한 사람들이 줄기도 했지만, 나도 예전보다 민감하게 반응하지 않게 되었다. 하지만 동시에 나는 어디엔가 또 갇히기 시작했다. 2019년에 죽고 죽이고 싶은 마음으로 살면서도 좋은 일이 많이 일어났고, 동시에 내 인생의 절정은 여기까지일 것 같다는 불안한 마음이 들었다. 그렇게 되지 않도록 노력하고 싶었으나 생활이 무너지고 내가 무너지며 창작 활동도 무너지기 시작했다.

／

　　예전에 가깝게 지냈던 친구들이 유독 내가 서른이던 해에
결혼을 많이 했다. 축가 일이 들어오기 시작했다. 2019년에는
음악 활동에 좋은 일이 많이 들어왔고, 축하도 많이 받았다.
친하지 않았어도 알던 사람들에게서 축하 연락이 많이 왔다. 내가
뭐라도 된 양 대우받는 느낌이었다. 기분이 좋으면서도 분노가
일었다. 내가 아무것도 없던 것 같았을 때, 여러 사람들이 나를
어떻게 대했는지 똑똑히 기억하고 있었다. 연락이 쏟아질수록
답장을 못 하는 메시지가 늘어났다. 연락 확인과 답장이 힘들었고
피로했다. 글자를 읽기가 어려워졌다. 집중력이 떨어졌다. 음악을
시작하고 나서 변했다는 소리도 들었다.

　　나는 언제나 똑같다고 생각했다. 원래 할 말은 했고,
불편하면 농담으로 넘어가는 언행은 잘 하지 못했다. 지금은
능글맞아져서 음흉한 마음으로 할 말을 하면서 능청스럽게 웃어
버린다. 글을 쓸수록 비틀린 내가 보인다. 얼마나 비틀렸나 남이
알아채기 전에 먼저 하나하나 짚어 말해 주고 싶다. 나도 안다고.
사회화가 많이 된 이후 나를 알게 된 사람들은 내가 평소에 밝은
면만 보여 주어 어두운 면이 있다는 걸 잊게 된다고 말한다.

비틀리기도 했지만 편안한 사람이기도 한가 보지. 음악 하다가
만난 친구 도마는 내게 언제나 변함없이 대해 주어서 고맙다고
여러 번 말해 줬다.

／

뮬이라는 사이트에서 보컬 구인 광고를 보았고 몇 팀과
합주를 했다. 그러다 컴퓨터로 작곡해 보고 싶어서 맥북을 처음
샀다. 얼마 있지 않아 교환학생으로 미국에 가게 되면서 학기
수업을 따라가느라 바쁜 와중에 소소하게 사운드클라우드 계정을
만들었다. 맥북을 구매할 시기에 알게 된 음악가가 음악을 알려
주겠다고 했던 걸 기억하고는 한국으로 돌아와 연락을 했다.
그의 집이자 작업실을 두 번째인가 세 번째로 방문했을 때 그가
입맞춤을 시도하려고 해서 몇 번이나 밀어냈다. 비록 내가 지금은
도움을 받으러 왔지만 나도 나중에 좋은 동료가 되어 음악가로서
교류할 수 있을 거라고 생각했는데 당황스럽다고 하니 그 사람은
짧게 사과하고 그러면 이제 집에 가라고 했다. 그때 난 아직
대학생이었다. 3호선 버터플라이 공연을 보러 홍대에 가 보기만
했지, 내가 만든 곡으로 공연해 본 적도 없는 상태였다. 이런 일이
실제로 일어난다는 생각에 집에 가는 버스에서 허탈했다. 당연히
앞으로 더한 일들을 겪을 줄은 몰랐다.

그 길로 바로 컴퓨터 작곡 프로그램인 로직 강의를 한다는 학원에 등록했다. 마침 가장 좋아하던 인디 밴드의 창립 멤버인 분이 강사였다. 나는 선생님에게 따로 말을 걸 생각도 못 하고 수업만 열심히 들었다. 말을 걸고 싶은 마음도 없었고, 말 걸고 싶지 않다는 마음도 없었다. 말을 건넨다는 생각 자체를 못 했다.

본가에서 살던 마지막 시기, 살면서 처음으로 아무것도 못 하고 누워서 시간을 보내기 시작했다. 엄마가 방에 들어와서 말했다. 애리야, 취직 준비 안 하는 거 안다. 도대체 뭘 하면서 살고 싶니? 뭐라도 했으면 좋겠어. 그 말에 고마워서 놀랐다. 한편으론 내가 바보같이 느껴졌다. 나는 처음부터 내가 살고 싶은 삶을 살 수 있었을까? 내 마음은 들여다보지도 않고 무작정 안정적이거나 돈을 잘 버는 사람, 남들 보기에 번듯한 트로피가 되라고 질책했던 사람들은 어디로 갔는지, 내가 건강하길 바라며 무엇이든 해도 좋다고 말하는 사람들이 내 앞에 있었다. 조건화된 애정은 세상을 숨 막히게 왜곡시킨다. 나는 죽어 가다가 갑자기 나타난 오아시스 물을 허겁지겁 마셨다.

반년 만에 선생님에게 이메일을 보냈다. 집에 있는 클래식 기타로 만들어 노래한 〈어젯밤〉과 〈없어지는 길〉을 데모로 보냈고,

선생님은 데모가 좋다며 함께 음반을 만들어 보는 게 어떤지 제안했다. 데모 원형을 가지고 로직으로 편곡을 하는 몇 달간 선생님은 나를 무척 존중해 주었다.

이제 막 뒤집기에 성공한 아기지만 뛰고 날고 싶었다. 작업이 어떤 방향으로 가면 좋을지 몰라 갈팡질팡했다. 하루에 정신건강의학과와 한방병원, 심리상담 센터를 한꺼번에 돌며 나를 돌보고 힘을 내려고도 했다. 뇌파 검사를 했더니 깨어 있어도 깨어 있는 상태가 아니고 자고 있어도 자고 있는 상태가 아니라고 했다. 그런가 보다. 오히려 재밌었다. 몽롱한 기분이 익숙했다. 고등학생 때 혼자 거실에 있는 컴퓨터로 헤드셋을 쓰고 음악을 듣고 영화를 보느라 자주 밤을 새웠다. 어쩌다 부모님이 밤중에 깨서 알게 되면 안 잔다고 혼이 났다.

불규칙적인 잠과 꿈에 빠져 살았다. 잠과 꿈이 좋으면서도 잠이 그렇게 중요한지 그땐 몰랐다. 꿈을 좋아하므로 잘 때도 꿈을 많이 꾸고 깨어 있을 때도 꿈꾸는 기분을 느끼는 게 좋았다. 나중에 몸과 정신에 큰 무리를 느꼈고, 이제 잘 때는 잘 자려고 한다. 그러고 보니 근 1년간 꿈이 잘 기억나지 않는다. 어렸을 때부터 아침 식사 자리에서 가족들에게 내 꿈을 알리는 걸 시작으로, 남들과 꿈 얘기 나누는 걸 좋아했다. 여전히 꿈을 좋아하는데 잘 기억나지 않아서 아쉽다.

2015년 즈음 심리상담 센터에 다니려는데 1회 상담비용이 6만 원에서 10만 원 사이였다. 그것도 저렴한 축이었다. 정신건강의학과에서는 아직 사회 분위기가 많이 바뀌지 않았다며 보험을 한번 확인해 보고 다시 오길 권장해서 상담 센터로 마음이 기울었다. 엄마에게 심리상담 센터를 다니고 싶다고 말했는데 네가 대체 뭐가 우울하다고 그런 데를 다니냐며 높은 톤으로 말했다. 내가 죽고 싶다 하면, 엄마도 내가 죽고 싶다 하고 외쳤다. 스스로가 괜찮아지고 건강하게 살 방법을 알고 싶어서 여기저기 뛰어다니며 알아보고 들어왔는데도 내 마음을 부정당한 느낌이 들자 방에서 스마트폰을 던지며 뭐라고 소리치듯 말했다. 나도 잘해 보려고 그러는데 왜 그러냐고 했던 것 같다. 우리가 아무리 오랫동안 소리 높이며 싸웠어도 엄마는 내 행동에 놀란 듯했다.

가끔 내가 너무 고집스럽고 예민해서 부모님이 힘들 것 같아 죄책감이 든다. 실제로 어렸을 때부터 집에서 너무 예민하다는 이야기를 자주 들었다. 그 말이 불편했다. 하지만 인정하게 되었다. 이 글을 쓰는 것에 대해서도 엄마와 대화하며 울었다. 부모님은 이제 나를 있는 그대로 사랑하고 응원해 주고 우리는 지금 너무나도 관계가 좋은데 아직도 그때를 생각하면 마음이 힘들어진다. 꿈에 그리는 나의 딸에게 나는 엄마보다 그리고 아빠보다도 잘할 자신이 없다. 엄마, 아빠와 싸우던 순간과 어린 시절 단짝 친구였다가 크면서 멀어진 동생을 떠올리면 여전히 부족하지만 어떻게 사랑을 나눌 수 있을까 생각한다.

앨범 작업을 함께하던 선생님 앞에서 말하지도 웃지도 못하겠고 아무런 아이디어도 나오지 않을 것 같던 어느 날, 나의 상태를 솔직히 말하며 계획된 작업 약속을 당일에 취소했다. 선생님은 이해한다고 말해 주었다. 그러나 머지않아 이 작업을 그만둬야겠다고 말했다. 선생님은 내 음악을 알아준 첫 사람이었다. 당시 유일하기도 했다. 부모를 실망시키기 두려워서 20대 중반이 되어서야 음악을 시작했는데, 내 음악을 알아주는 유일한 사람을 또 실망시킨 것 같아 두려웠다.

선생님의 어떤 말은 상처가 되기도 했다. 하지만 나는 변명으로 들릴 말도 꺼내지 못하고 선생님 앞에서 눈물을 흘렸다. 해내 보이지 않으면 무슨 질문이나 말도 변명이 될 것 같았다. 무슨 말을 하든지, 말을 안 해도, 울어도, 몰래 울어도, 상관 안 해도, 뭘 하든 혼나던 날들. 차갑게 집착과 방치의 대상이 되던 어린 시절 모습이 아직 마음에 남아 있었다.

하지만 금방 따뜻함이 찾아왔다. 선생님은 자기 때문에 우는 거냐며 우리 관계는 이게 끝이 아니고 앞으로도 계속 만날 거라고 했다. 앞으로 다른 음악가들을 많이 만나며 밴드도 만들어 보고 여러 경험을 하길 바란다고 응원해 주었다. 그 이후로도 우리는 서로 한 번씩 앨범을 만들어 볼까 제안했지만 시기가 맞지 않았다. 나의 음악 선생님과 여전히 가끔 연락하고 만난다.

이런 대과거의 배경에서 과거 2018년 밴드가 해산되고, EP 앨범은 인정을 받아 일이 들어오고, 혼자 마음에 들 만한 곡들로 미니 앨범이나 정규 앨범을 만들 여력은 많지 않고, 유통사에서는 2020년 1월 1일로 날짜를 주었는데, 마침 축가 일이 들어온 거다.

결혼은 나에게 먼 얘기. 결혼 생활을 그리며 딸을 낳아 행복하게 지내는 것까지 생각해 왔으면서, 분명히 딸이 행복하게 살아가도록 해 줄 거라고 단언했는데 시간이 갈수록 자신이 없다. 결혼이란 게 꼭 딸과 연결되는 것은 아니지만, 예전엔 '결혼' 하면 '딸'이 바로 이어졌다. 나와 서로 존중하고 사랑하며 지내는 반려자가 과연 이 세상에 있을까 의문이 든다. 그 의문이 괜히 느끼하게 느껴진다.

그런데 더 느끼할 만한 이야기를 할까 한다. 음악 활동을 시작하고 한동안은 음악만이 내 신이며 음악과 결혼했다는 말이 이해되고, 인생의 희망이 음악뿐이기도 했다. 지금은 창작뿐만 아니라 가족이나 친구, 잠을 포함한 생활, 건강, 경제적인 측면 등도 고려하며 좀 더 고르게 균형이 잡혔지만, 그때에는 음악을 짝사랑하는 마음이 너무 오래되어서 음악과 사랑하고 싶었다. 영혼을 팔아서라도 음악과 서로를 알고, 가지고, 종속되고, 내쳐지고, 부리고, 다시 만나고, 평생 지내고 싶었다.

결혼을 잘 모르겠지만 친구들의 결혼을 축복해 주고 싶다. 사람과 사람이 만나 반갑게 인사하고 서로 알아 가는 과정을 거쳐 삶을 섞어 갈 것이다. 그 과정을 축하하고 응원하고 싶은 마음이다. 얼마나 서로를 반기고 각자의 세계를 자세히 들여다봐야 결혼까지 하는 걸까? 계속 옆에 가까이 있어 줄 만큼 사랑하는 마음이란 뭘까? 나는 언제 결혼하게 될까? 결혼은 하게 될까? 알쏭달쏭한 와중에 축하하는 마음.

신세계

얼굴 바라보며
안녕 인사하지
아직 깨어지지 않았던 세계가
　너를 만나고 열렸어
　　　I'm staying for you

　　　You're

　　　　staying for me
　　아직 깨어지지 않았던 세계가
　　　　너를 만나고 열렸어
　　　　I'm staying for you
　　　You're staying for me
　　　We're staying for us
　　　　얼굴 바라보며
　　　안녕 인사하지

얼굴 바라보며

함께 연주할 사람이 없으니 본격적으로 혼자 로직으로 〈신세계〉를 만들었다. 헬로루키로 받은 상금의 일부를 함께해 준 연주자들과 나누고, 싱글 앨범을 위해 녹음, 믹싱, 마스터링, 프로필 촬영, 싱글 커버 작업을 하며 돈을 썼다. 남는 시간에는 관성적으로 누워 그 당시 갑자기 빠져 버린 스마트폰 RPG 게임에 돈을 썼다. 게임 속 캐릭터를 업그레이드했고, 팀에서 3등을 하기도 했고, 서버에서 10위를 하기도 했다. 그렇게 돈을 다 썼다. 천천히 나와 친구들, 원수들을 미워하는 마음이 사라졌다. 생활은 여전히 엉망이었다. 엉망이어도 축하는 할 수 있어. 노래로 축하하는 마음을 전할 수 있어서 감사하다. 축가를 청해 준 친구들아, 고마워.

음악을 함께해 주는 사람들에게 여전히 감사하다. 나와 내 음악을 사랑해 준 사람들. 나도 사람들과 사람들의 음악을 사랑했다. 기억이 희미해지고 아름답게 보정되어서만은 아니다. 그때 조금씩 서로를 죽였을지라도 그 사람들이 나를 살렸고 내가 그 사람들을 살렸다.

엄마, 나 나가 살려고. 이미 약속했어. 중학교 때의 다짐이 아직도 남아 있었다. 엄마한테 물어봐서 반대할 것 같으면 내가 먼저 결정하고 말해야겠다는 다짐. 지금은 시시콜콜 엄마에게 이런저런 일을 말하는데, 처음 본가에서 나올 때까지만 해도 아직 그 정도는 아니었다.

펑크·그라인드 코어 장르의 밴드에서 활동하는 언니 둘과 함께 망원동 쓰리룸에서 살게 되었어. 그렇게 본가를 나왔다. 제일 작은 방의 언니는 거의 집에 들어오지 않고 다른 곳에서 지냈다. 옆방 언니에게는 두부라는 고양이가 있었다. 그렇게 생각하면 셋이 함께 산 게 맞긴 해. 두부는 자주 내 방으로 왔다. 언니가 질투를 하기도 했다. 내가 침대에 누워 있으면 올라와서 내 얼굴과 몸에 자신의 얼굴과 몸을 비볐다. 사랑하는 두부.

언니와 두부는 함께 산 지 1년도 되지 않아 멀리 이사를 나갔고, 나는 쓰리룸에 혼자 남겨졌다. 본가에서 아무리 혼자라고 느꼈어도 다른 생명체의 존재를 느끼며 살다가 갑자기 혼자가 되니 이상했다. 아플 때 약을 사 주던 언니와 고양이 두부가 곧 내 곁에 올 것 같았다. 하지만 아무도 오지 않았다. 진공 속에 공허하게 누워 있었다. 짧은 연애가 지나갔고, 공황장애 증상이 시작되었다. 처음에는 숨이 쉬어지지 않는 느낌이 공황 증세인지 몰라서 내과를 전전했으나 정신건강의학과에 가 보라는 말을 들었다.

누군가와 새로운 관계를 맺을 때 공황 증세가 올라왔다. 음악을 시작하면서 아무것에도 아무 관계에도 휘말리지 않고 음악에만 집중하겠다던 오만함이 산산조각 나 버렸다. 온갖 스트레스 받는 일이 계속되고 소송도 하게 된 상태였다. 한 조력자는, 내가 겪은 일을 자기가 공론화해도 괜찮겠느냐고 나에게 물었다. 익명으로 하겠다고 했다. 나는 고민 끝에 받아들였다. 그런데 알 사람은 알 거라는 생각에 불안했다. 내가 너무 예민하다거나, 스스로의 일을 책임지지 않고 떠넘긴다거나, 누군가의 앞길을 막는다는 식의 말을 들으며 나쁜 사람이 되는 것 같았다.

음악 하러 나왔는데 왜 이렇게 됐지? 사람들이 나를 음악가로 보기는 할까? 나는 이렇게 살고 싶지 않았어. 나쁜 사람이 되기 싫어. 예민한 사람도 되기 싫어. 피해자가 되기 싫어. 나는 음악을 하고 싶을 뿐이었어. 쉴 새 없이 사람들을 저주하고 미워하다가 용서하고 웃기를 반복했다. 수치심이 들지만 계속 이겨 내려고 했다. 2~3년 주기로 예술인복지재단의 지원을 받아 심리상담센터에서 상담을 받았다.

당시 나를 보살펴 주고 사랑해 줬던 사람과 내가 이사 가게 될 방을 보러 다녔다. 창전동에는 와우산이 있다. 와우산 바로 앞 건물의 지하 원룸이 적당했다. 건물상으로는 지하라서 수많은 계단을 내려가야 했지만, 산으로 올라가는 언덕 위에 있었기 때문에 베란다가 있었다. 베란다 밖으로는 와우산로가 보였다.

돈을 벌어야 했다. 서울문화재단에서 예술가 교사 1년 계약직

일을 구했고, 과외도 했으며, 스트레인지프룻이라는 펍에서
바텐더로도 일했다. 쓰리잡을 하며 생활비와 앨범 제작비용을
벌었다. 나도 그렇고 사랑했던 사람도 그렇고 완벽한 인간은
아니었다. 사랑하던 사람은 돈 벌 시간에 음악을 하라는 소리를
했다. 하지만 당신이 매일 자고 생활하는 우리 원룸 월세는
내가 내는걸. 앨범 제작비용도 필요해. 내가 담배를 잘 사 주지
않으려고 해서 섭섭해하잖아. 다른 사람의 자존심을 건드리고
싶지 않아 최대한 나의 상황으로 생계 활동의 이유를 설명했다.

둘 다 세상에 상처받았고, 세상에 공격성을 드러내기도
했다. 병들고 절실한 마음이 모여 꼭 붙어 있으니 나는 마치 내가
그 사람이 된 것 같은 기분이 들었다. 옆에서 자고 있던 그 사람의
얼굴을 보면, 내 얼굴이 그렇게 생겼을 것만 같았다. 그리고
우리는 싸움을 반복하다 마침내 헤어졌다.

돈은 내가 벌었지만 집안일은 그 사람이 했었다. 사람이 나간
자리에서 무너지지 않으려 원룸 청소를 하기 시작했다. 하지만
아무리 쓸고 닦고 곰팡이를 제거해도 벌레가 계속 나왔고, 냉장고
안의 음식은 계속 썩었으며, 깨끗이 청소한 화장실 천장에서는
녹물이 계속 흘러 내려와 벽에 피눈물 자국을 남겼다. 침대와
책상, 소파 등 가구를 홀로 방 안팎으로 옮기면서 꽤 많은 계단을
왔다 갔다 하다가 앓아누웠다.

축축한 여름날, 좁은 원룸 가운데에 침대를 배치한 채로

누워 '비 내리는 단칸방'이라는 스마트폰 게임을 몇 달 내내
했다. 비 내리는 단칸방 속 친구는 조그마한 창문으로 비 오는
풍경이 보이는 원룸에 홀로 있다. 가끔 벌레가 나오면 잡아 주고,
거미줄이 생기면 걷어 줘야 한다. 15분마다 외출을 시켜 줄 수
있지만 그러려면 호감도가 어느 정도 쌓여야 한다. 빗방울을 모아
방을 꾸밀 수 있다. 가끔 말을 걸 수도 있다. 전단지나 신문을
보기도 하고, 중국집에서 몇 가지 메뉴를 골라 시켜 줄 수 있다.
씻기 귀찮다고 말하던, 비 내리는 단칸방에 살던 친구. 나는 나를
챙기는 마음으로 비 내리는 단칸방에 살던 나를 챙겼다. 실제 나는
내버려 두면서도.

2018년의 여름이 지나고 있었다. 그 사이 첫 앨범도 내고
음악 커리어에 좋은 일이 가득했으나 음악 일 외에는 2019년에도
집에서 누워 지냈다. 2020년이 되어서야 나는 다시 심리상담
센터와 정신건강의학과의원을 찾았고, 과외 회사에 취직했으며,
감사일기를 썼다.

그러다가 또 다른 회사에서 일을 하게 되었다. 과외 회사 말고
음악 회사. 그런데 내가 계약한 지 한 달 만에 코로나 유행 사태를
이유로 사업을 접는다고 했다. 2019년에 좋은 일이 많았어서
그런지 만난 사람들마다 나에게 이제 잘될 시기인데 힘을 못
받는 것 같아 아깝다고 말했다. 정말 나도 그렇게 느끼고 있었다.
코로나를 핑계로 아깝다는 말을 이용해 스스로를 정당화하는

느낌이 들기도 했다. 어느 쪽으로든 몸이 축축 늘어졌다.

과외 회사는 지금까지도 계속 다닌다. 그렇게 음악 회사를 만나고 싶던 나는 과외 회사를 만났다. 회사에서 말하는 감사와 경청, 계획과 기록 등의 자기 계발을 쭉쭉 나한테 적용했다. 이건 다 음악을 계속하기 위한 거라며. 사회화되고 능률이 오르기를. 정신건강이 좋지 않아서 하고자 하는 일에 방해받는 것보다는 사회에 나를 끼워 넣어서라도 하고자 하는 일을 하려고 애썼다.

음악 회사에 몸담은 한 달 동안 회사와 음악가 애리는 예술지원사업을 알아보았다. 그리고 그 일환으로 〈Virtual Song〉 작업이 착수된 것 같다. 사실 그때 어떻게 하다 〈Virtual Song〉을 싱글로 내게 되었는지 정확히 기억이 잘 나지 않는다. 그 사이에 라이브 영상을 만드는 팀 신촌전자와 작업하며 〈Virtual Song〉을 발매 전에 선보이기도 했다.

음원 발매는 더블 싱글로 〈Virtual Song〉의 낼 땐 두 버전을 발매했다. 피아노 슈게이저(Piano Shoegazer)와 함께 편곡하여 인메이(Inmay)가 믹스한 〈Virtual Song〉과 홀로 뚱땅뚱땅 편곡해 본 곡을 데이비드 코스턴(David Kosten)이 믹스한 〈Virtual Song (onlinedream)〉이었다. onlinedream은 나의 예전 싸이월드 주소였다. 온라인에서 온갖 예술문화정보를 섭취하며 꿈꾸는 사람으로 살기 시작하던 고등학교 시절.

Virtual Song

Virtual song in my sofa
Mutual dance in my brain
떠난 뒤 내 방에는
노래와 춤만 남아

아 우리가 사랑한 적이 있었나
아 우리가 껴안은 적이 있었나
자란 나 어디까지 자랄까
자라고 날 재우는 목소리

Virtual song in my sofa
Mutual dance in my brain
떠난 뒤 내 방에는
노래와 춤만 남아

아 우리가 사랑한 적이 있었나
아 우리가 껴안은 적이 있었나
가라앉은 나 또 살아 있을까
가끔 난 죽어 버리네

74

함께 담아

이영이 같이 살자는 제안을 했다. 2020년 여름에 와우산을 떠나 연희동 투룸에서 친구와 함께 살게 되었다. 요리 일을 오래 한 친구였다. 처음 본가를 나왔을 때보다도 훨씬 더 생활력이 떨어진 나에게 하우스메이트가 생겼다. 이영은 운동을 하고 요리를 한다. 나도 그렇게 될 수 있을까? 나의 우울함이 좋지 않은 영향으로 가지 않기를. 별생각을 다 했다.

교환학생으로 간 롱비치에서 기숙사 한 방을 룸메이트와 썼던 것이 생물학적 가족 이외에 누군가와 함께 살아 본 첫 경험이었다. 그다음 망원동에서는 쓰리룸에서 한 명씩 공간을 차지했다. 그리고 창전동 원룸에서 한동안 애인이었던 사람과 지냈다. '우리 이제는 하우스메이트입니다' 하고 살기 시작한 건 오랜만이긴 했다. 반면에 이영에게는 오랫동안 계속 하우스메이트가 있었고, 2년마다 하우스메이트가 바뀌었다고 했다. 같이 살았던 사람들 중에 좋았던 사람 있어? 음……아니. 나도 그렇게 되는 거 아니야? 이영은 웃었다.

거실에 이영의 이불을 깔고 둘이 누워 있으면 이영의 고양이 묘묘도 이불로 왔다. 이야기를 나누면 묘묘가 왔다 갔다 하거나 우리의 몸에 기대 졸았다. 2년의 시간이 흐르며 우린 우리의 차이점을 찾아내기 시작했다. 나는 너무 많은 사람들을 만나며 새로운 사람들도 더해지는데, 이영은 사람을 많이 만나지는 않으며 새로운 사람은 거의 만나지 않았다.

둘 다 장단점이 있었다. 사람을 많이 만나면, 새로운 자극에 계속 노출된다. 다른 환경, 취향 등을 가진 사람들을 많이 만나며 나의 현실감각이나 지평을 넓히는 데에 만족감이 든다. 그렇지만 그만큼 혼란과 에너지 고갈이 잇따른다. 저마다 다른 가치관과 지향점을 가진 사람들을 만나 그들의 이야기를 듣다 보니 이제 모두에게 박수 치며 응원하고 싶은 사람이 되어 버렸다. 예전에는 그렇게 사람들을 싫어했던 것 같은데 지금은 너무 좋다. 그런데 어느덧 그 마음도 순식간에 고갈될 때가 있다. 그때를 대비하여 마음을 인색하지 않을 정도로 아껴 쓰는 법도 배우고 싶다.

사람을 적게 만나면 기본적으로 심심하다고 했다. 하지만

에너지가 많이 비축된다. 홀로 독서나 음악 감상, 영화 감상 등을 할 수 있다. 우리가 같이 사는 동안 이영은 끊임없이 책을 읽었다. 내가 사람과 연결된 느낌에 중독되어 있는 걸까 걱정이 들 때면 은근슬쩍 혼자서도 잘 있고 싶다는 생각도 든다. '관계 중독'이라는 단어를 알게 되었을 때 뜨끔했다. 타인의 인정이 없어도 살아야지 어쩌겠어, 애리야. 완벽하지 않아도 사랑스러운 애리야, 사랑스럽지 않아도 살아갈 애리야, 알겠지. 어쨌거나 나는 연희동에서 이영과 집을 공유할 때나, 이영이 근처로 이사 나갔을 때나, 계속 사람들을 만나고 있다.

그런데 이영만 나에게 그런 말을 하는 게 아니었다. 다른 친구들도 요 몇 년 사이에 나에게 같은 말을 했다. 사람을 많이 만난다거나 친구가 많다는 말이었다. 초등학교 때 친구든 이제 친해진 1년이 된 친구든 같은 말을 했다. 그래? 친구가 많다, 좋은 말 같네. 자랑스럽다. 하다가도 내가 여러 갈래로 나뉘는 기분이 들었다.

누군가가 내게 E냐고 물어봤다. MBTI 얘기였다. E였던 적도 있지만, 최근 몇 년 동안은 검사할 때마다 I로 나온다. 대규모 파티에서 자리를 주도하기보다는 어쩔 줄 몰라 하는 편에 가깝다.

77

하지만 어디에서든 소규모로 이런저런 이야기를 나누거나 함께 쉴 수 있는 친구들이 떠오른다.

그렇게 둘, 또는 서넛의 사람들과 교류하며 그들의 이야기를 듣고 나도 내 이야기를 풀어놓는다. 그렇게 20년 된 친구부터 올해 사귄 친구까지 1~2년에 한 명이라고만 쳐도 10~20명. 그렇게 친구가 쌓여 왔다. 그런 고민을 하리라고 생각지도 못했던 어떤 친구들은 친구가 별로 없는 것에 대한 고민을 풀어놓기도 했다. 그럴 때 나는 조언하기보다는 상대 마음을 듣고 그에 관련한 나의 상황과 마음을 말하는 편이다. 내가 우월감이나 열등감으로 그런 말을 하는 것이 아니라는 점을 친구들이 알아줘서 다행이다.

이게 자극 추구 기질이 높아서일까. '자극 추구'라는 용어를 영어로 찾아보니 novelty seeking이었다. 새로움 찾기. 맞아! 새로운 것에 호기심과 만족감을 느낀다. 도파민을 뿜어내며 새로움 찾기. 하지만 호기심에는 대가가 따른다는 옛말이 있었던가. 인사를 잘할수록 인사를 거절당할 가능성도 높아지고 오히려 화를 입기도 한다. 호기심은 많은데 '위험 회피'도 높으니 두려움이나 수줍음이 많다. 이 반대 특성이 모두 강한 나를 어찌할꼬.

음악을 처음 하러 나왔을 때는 E냐는 질문을 들을 일이 없었다. 오래된 친구들이 있기는 했지만 음악 하는 친구는 없었다. 함께 연주할 사람이나 음악적 지식, 음악 업계가 돌아가는 모양에 대한 자원이 없었던 나는 떠돌았다. 원래 알던 친구들에게 몇 년 동안 푸념을 늘어놓았다. 오래된 친구들은 음악 하기 전의 내가 인정 욕구와는 상관없는 사람처럼 보였다고 말했다. 그런데 이렇게 괴로워하는 모습을 보니 마음이 아프다고 했다. 오래된 친구들의 말 덕분에 내가 당시 음악 업계라는 준거집단에서 욕심만큼 인정받지 못해 괴로워한다는 것을 깨닫게 되었다.

이런저런 공연을 하며 아는 사람이 생기고, 아는 사람들의 공연에 가게 되고, 홍대 일대의 수많은 공연장에 포크, 밴드, 전자음악 공연들을 보러 다녔다. 내 음악을 함께 만들어 주는 사람들을 만났을 때쯤 키라라와 자주 만나며 우린 친해지고 있었다. 나만의 기획 공연을 만들고 싶을 때쯤 "L's Ladies"라는 공연을 기획했다. 애리, 도마, 키라라, 하이브리드드롭봄바. 아직 망원동에서 하이브리드드롭봄바라는 밴드를 하는 언니와 언니의 고양이 두부와 함께 살고 있을 때였다.

밴드셋 위주로 EP 앨범을 만들어 2018년 10월에 발매한 후, 그토록 입고하고 싶었던 재미공작소에 앨범 입고 문의를 보냈다가 음악 감상회 겸 쇼케이스 기획 제안을 받았다. 준비할 생각을 하자 부담이 조금 되었다. 이런저런 고민을 하는데 키라라가 갑자기 자기가 사회자 역할을 맡는 것은 어떤지 내게 물어봤다. 발매를 준비할 때부터도 키라라는 고마운 조언과 제안을 해 줬다.

창전동 내 지하 원룸에서 음악 감상회 연습을 마치고 함께 나와 담배를 피웠다. 키라라는 리허설을 해 보니 내용이 너무 좋다고 했다. 그 말을 듣고 약간의 충격과 함께 힘을 받았다. 어지간히 자신감이 없었나 보다. 언제부터 어떻게 어쩌다가 친해졌는지 딱 맞는 시점들이 기억나지 않는 키라라와의 인연은 강산이 변하는 세월 동안 이어지고 있다. 그사이에 우리는 많은 것을 겪고 달라지고 있지만 여전하기도 하지. 지난주에는 키라라에게, 키라라가 나에게 귀인인가 봐 하기도 한 참.

물론 귀인은 참 많다. 많은 도움을 받았다. 컴필레이션 앨범에 참여하는 것도, 다른 음악가와 협업하는 것도, 귀인들을 만났다고 생각한다. 그리고 이번 《함께 담아》에 담긴 곡들은 컴필레이션 앨범에 참여한 것이거나, 다른 음악가와 협업한 것이다. 또 하나의 중요한 점. 나는 음악만 만들었다. 발매 절차와 홍보물 제작 등은 컴필레이션 주최 측과 다른 음악가들이 진행했다. 생각해 보니 귀인들이 많다.

모든 사람들을 저주하고 나 자신도 저주하던 시절에도
키라라가 있었다. 하지만 우리는 서로 조심하는 사람들인 것 같다.
결국 혼자 사는 시간을 견뎌 내야 한다. 음악 활동을 시작한 이후로
왠지 여유가 없어서 보지 못했던 영화를 다시 봤다. 넷플릭스를
구독했고, 드라마도 보기 시작했다. 〈센스 8〉(2015~2018),
〈OA〉(2016, 2019), 〈오렌지 이즈 더 뉴 블랙〉(2013~2019), 〈러시아
인형처럼〉(2019, 2022), 〈그레이스 앤 프랭키〉(2015~2022),
〈매니악〉(2018) 등을 매일 보며 울고 웃었다. 거의 현실도피 같기도
했지만, 한편으로는 나 자신의 모습을 찾아볼 수 있는 드라마들을
보고 싶었다. 그중에 〈언브레이커블 키미 슈미트〉(2015~2019)라는
드라마가 있다.

　　넷플릭스를 켜면 〈언브레이커블 키미 슈미트〉의 일부분이
자동으로 재생되며 홍보되던 때가 있었다. 사이비 교주에게
15년 동안 지하 벙커에 감금되어 서른 살에 세상에 나오게 된
사람이 주인공이란 걸 알게 되었다. 드라마에서 키미 슈미트는
미국 전 국민이 알 만한 사건의 피해자였다. 절대 보고 싶지
않아. 나 자신만의 일로도 힘들어서, 슬프고 화나는 일이 가득한
세상으로부터 조금만 자극을 받아도 쉽게 무너질 정도로
무기력했다. 별일이 없으면 씻지도, 잘 먹지도, 잘 자지도 않았던

나는 나를 방치하여 폐인이 된 것 같은 기분에 이미 힘들었다. 불난 집에 기름을 붓기는 싫었다. 그 드라마가 나한테 무척 힘들 거라고 생각했다.

그런데 좋아하는 음악가들이 여러 매체에서 거듭 그 드라마를 추천했고, 결국 보기 시작했다. 따뜻하고 한심한 사람들이 날카롭지만 귀엽게 보였다. 슬픔도 웃겨 버렸다. 대책 없이 천진난만해 보이기도 하는 키미 슈미트를 금세 가장 친한 친구로 삼았다. 키미 슈미트가 슬픔과 억울함과 분노에 갇히지 않고 자유롭기를 바랐다. 결국 또 나 자신을 위한 마음이었다.

키미는 피해자로서 타자화되어 소비되고 싶어 하지 않았기에 벙커에서 나온 후 고향을 떠나 뉴욕으로 가서 지난 15년 동안 어떤 일을 겪었는지 드러내지 않았다. 선입견이 담긴 가십거리로 전락하지 않고 자신만의 삶을 꾸려 가려는 키미의 마음이 오락가락해도 계속 명랑함을 잃지 않기를 바랐다. 나도 키미 슈미트처럼 다시 살아갈 수 있겠다는 희망을 얻었다. 사람들이 나를 뭐라고 생각하는지 그 안에 갇혀 있는 채로 괴로워하며 시간을 보내는 것보다는 나를 돌아보고 무엇을 원하는지 계속 스스로 물어보고 대답했다. 나는 미움에서 자유로워지고 싶었다. 미워하느라 생애 절반을 쓴 기분이었다.

《We, Do It Together》(2020)라는 컴필레이션 앨범에 한 곡을 만들어 참여해 달라는 제안이 왔다. 한껏 위축되어 있던 나는 참여하고 싶었지만 뭐라고 해야 할지 몰라 〈무서워 나는〉이라는 곡을 수록하기로 했다. 창전동 지하 원룸에서 만든 노래였다. "무서워 나는 세상이 미쳐 / 나만 멀쩡히 살아가네 / 무서워 나는 나 홀로 미쳐 / 세상은 아무렇지도 않게."

사람들과 가까워지다 보면 나도 후회할 일을 분명히 하게 되겠지. 영향받지 않고 싶은 것들에게서 영향받는 것도 싫어. 나는 음악에만 집중할 거야. 음악을 시작하며 이런 생각을 했던 게 오만하게 느껴졌다. 사회적 동물로서 얼기설기 섞여 살 수밖에 없는데. 그러다가 너무 많은 일이 겹쳤고, 나는 분노와 슬픔으로 움츠렸다.

그래서 제작 중간에 모여 각자의 의견을 서로 나누는 자리에 나는 〈무서워 나는〉이라는 곡을 가져갔다. 어떤 말을 해야 할지 모르겠다고 했었는지, 모르겠다. 제출 기한이 한 달도 남지 않았을 때 내 마음을 더 들여다봤다. 그리고 새로운 곡을 썼다. 키미 슈미트처럼 살고 싶어서였다. 참여와 관련해서 짧은 글도 썼다.

마음을 스위치처럼 마음대로 깜빡일 수 있으면 좋겠다고 생각한다. 마음은 요란한 소리를 내다가도 고요해지고 화창했다가도 폭풍우가 몰아친다. 이랬다저랬다 저 혼자 자주 깜빡인다. 나도 지금과는 다른 내 마음을 자꾸 깜빡한다. 일부러 깜빡 넘어갈 때도 있다.

나를 괴롭히는 것 같은 세상과 무력하게 혼자인 것만 같은 나를
동시에 저주하며 아팠던 시간을 떠올렸다. 긴 시간 동안 하루에
도 몇 번이나 힘없이 변덕스러운 마음이 괴로웠다. 그 와중에 변
덕을 지나도 된다는 메시지는 큰 위안이었다.
이 마음이 돌고 돌아 너와 나, 우리를 안아 주어 힘을 주고 싶다.

2021년 봄, 연이 닿아 와이 낫 픽쳐스(why not pictures)라는
회사에서 〈나는 깜빡〉 뮤직비디오를 만들어 주었다. 정규
앨범에 〈나는 깜빡〉을 수록할 생각이었고, 정규 앨범을 발매할
때 뮤직비디오를 공개할 생각이었다. 벌써 2023년 가을이다.
올해도 정규 앨범을 발매하지 못하니, 이제는 정말 뮤직비디오를
공개해야겠다. 이 에세이에 음원이나 뮤직비디오, 라이브 영상
등이 연결된 QR 코드가 들어간다는 것을 알게 되자마자 와이
낫 픽쳐스에게 죄송하고 감사한 마음을 담아 연락을 드렸다.
죄송하고 감사한 일들이 많다. 혹여나 누가 이 글을 읽는다면
모든 일이 척척 들어맞지 않아 덜컹거리며 나아가는 내 모습에
조금이라도 위안과 용기를 얻었으면 좋겠다. 덜컹거려도 간다고.
〈나는 깜빡〉을 만든 건 연희동 투룸에서 이영과 이영의
고양이 묘묘와 함께 살 때였다. 이영과 묘묘와 함께 산 덕분에
무서움을 극복하고 나의 분노와 슬픔, 너무 많은 생각들로부터
자유로워졌다고 말하고 싶다.

나는
깜빡

생각해 봤어 왜 다 죽이고 싶은지
나는
생각해 봤어 왜 생각만 하면 죽고 싶은지
나의 분노는 슬픔과 직결되지 항상
나의 분노는 슬픔이 잡아먹고 잠드네

사실 나는 살고 싶어 너와
사실 나는 살고 싶어 너무
사실 나는 웃고 싶어 너와
사실 나는 웃고 싶어 마냥

이기고 싶었지 날 아프게 한 것들 모두
울게 하리라 내가 흘린 눈물만큼
하지만 나는 상처 주는 삶도 자신 없는 겁쟁이
하지만 상처 입은 마음 보면 또다시 슬픔으로

사실
나는
자유롭고 싶어
사실 나는 웃어도 돼
그냥
사실 나는 무너지고 싶어
사실 나는 힘이 없어 누워
사실 나는 욕할 거야 ××
사실 나는 같이 울 거야
사실 나는 어떻게든 살아
사실 나는

준민은 내가 첫 앨범도 내기 전에 했던 한 공연의 뒤풀이
자리에서 봤다. 가끔 오가다 만나며 이야기도 나눈 지 몇 년쯤
된 어느 날 연락이 왔다. 한창 『그리고 일기가 남았다』를
쓰던 2021년에, 준민이 (활동명인 Livigesh가 아니라) 본명인
'조준민'이라는 이름으로 《Like Water》라는 앨범을 발매한다고
했다. 그 앨범에 수록된 곡 〈Runaway〉에 피처링으로 참여했다.
준민의 집은 멀었다. 준민의 집에서 녹음을 했고, 버스 타러 가는
길까지 나 있는 천을 함께 걸었다.

2022년에도 함께 놀면서 작업하자는 이야기를 준민이 했다.
이번에는 준민이 먼 우리 집으로 와서 작업을 시작했다. 아무거나
해 보자 하고 두세 곡 정도를 스케치했다. 준민이 내게 노래와
기타 연주를 즉흥적으로 제안했다. 스케치한 곡 중에 〈Drowsy
Sleep〉이 있다. Livigesh와 AIRY가 함께 만든 곡으로 싱글
발매될 예정이었다.

Drowsy

Sleep

가끔 나른한 잠
꿈 많은 잠
그런 말은 마요
자신감 넘치게
그런 말은 말자
자신감 넘치게

가끔 가련한 잠
꿈 없는 잠
그런 말은 마요
자신감 넘치게
그런 말은 말자
자신감 넘치게

그런 말은 마요
자신감 넘치게
그런 말은 마요
자신감 넘치게

잠 잠 잠 잠 잠 잠 잠 잠

준민은 앨범 커버에 나를 담고 싶다고 했다. 우리는 한강에
갔다. 나는 눕고 올라가고 뛰고 앉고 서 있었다. 준민이 그런 내
모습을 사진으로 찍었다. 그중에 잔디밭에 누운 내 모습을 골라
준민이 싱글 커버로 만들었다. 싱글을 만드는 과정이 재밌었다.
나는 노래만 했고, 발매 준비는 준민 혼자 다 해서 그럴 수도
있겠다. 노래만 만들어서 노래하고 사진과 동영상으로 찍히기만
하면 된다니. 준민은 곡을 완성하고, 싱글 커버를 만들어 냈고,
뮤직비디오를 만들었다. 뮤직비디오도 각자 집에서 연주하고
노래하는 모습을 녹화한 동영상으로 만들었다. 신나게 놀면서
작업했다. 이런 기분이 몇 년 만이라 준민에게 무척 고마웠다.

준민은 알면 알수록 다양한 경험을 많이 해 본 사람인 것
같다. 〈조승연의 탐구생활〉이라는 유튜브 계정에서 한 영상을
봤다. 과거에는 돈과 권력이 행복과 직결된다는 생각이 있었지만
이젠 사람들이 돈과 권력의 허망함을 다 안다고 했다. 대신 경험과
지식이 자원이 되어 행복할 수 있는 토대로 인식된다고 했다.
그러나 이 또한 과유불급이라 경험과 지식이 많아도 반드시
행복하지는 않다는 것이 요지였다. 독일의 전설 "파우스트"에서는
악마로부터 모든 것을 알 수 있는 능력을 받고 영혼을 판 인물이
지옥 불로 떨어진다고 한다. 더 많은 경험과 지식에 대한 욕심으로
가득 찬 21세기의 모든 사람은 일종의 파우스트라고 생각한다고
했다.

그런 적도 있었어. 준민은 담담하게 말한다. 그럴 만한 이야기들이 아닌데도. 준민의 이야기를 듣다 보면 놀라거나 슬퍼질 때가 있다. 준민은 큰일들을 겪었으며 그 일을 떠나보낸 동시에 간직하고 있을 것 같다는 생각이 든다. 유튜브 영상과 준민에 대한 생각을 통화로 준민에게 말하기도 했다.

어떤 면에서 나는 준민에게 공감하는 부분도 있다. 내가 여러 경험을 했다고 몇 친구들이 말하면, '내가……?' 하며 그 말을 온전히 사실이라고 생각하지 않으면서도 (친구들의 말을 믿지 않는다는 게 아니다) '내가……?' 하며 뿌듯하기도 했다. 그 유튜브 영상을 보고 나서는 경험이 많기 때문에 오히려 혼란스러울 수도 있다는 얘기에 극히 동의했다. 꼭 모든 것을 경험해야 할까? 모든 것을 경험하고 느껴 보고 싶긴 했었는데. 생각해 볼 일이다. 성장과 발전에 대한 염증. 그중에 잠과 밥은 끊이지 않을 경험.

〈조승연의 탐구생활〉에서는 보들레르의 『악의 꽃』(1857)도 소개한다. "우리는 딱히 찾아다니지도 않았지만, 모든 곳에서 본 것이 있는데 운명의 사다리 위부터 아래까지 주렁주렁 매달린 것, 인간의 끊임없는 죄악이 펼쳐지는 지루한 광경이었다." 모든 것을 경험하고 싶고 느끼고 싶어서 피오나 애플의 〈Every Single Night〉(2012)라는 노래를 좋아했다. "난 그저 모든 것을 느끼고 싶어(I just want to feel everything)."

요즘에는 너무 많이 느끼는 것을 줄이고 싶다. 슬픈 소식이 너무 많고 너무 자주 마음이 아프다. 세상이 아름답지만은 않은데, 아름답고 좋은 것만 눈앞에 갖다 대는 것이 싫고 비겁해 보였는데, 어느덧 나도 비겁하게 아름답지만은 않은 세상을 외면하고 싶을 때가 있는 사람이 되었다. 너무 아프다 보면 몸과 마음이 아파서 일상과 기분이 엉망이 되다 보니 나의 건강을 위해 세상에서 좋다는 것을 찾게 된다. 하지만 점점 균형을 찾아 나갈 거야. 세상의 슬픔과 기쁨, 분노와 환희. 분명히. 또 욕심부리나?

　　잠. 하면 꿈. 또는 잠들 때나 깼을 때 느끼는 몽롱함. 이 정도가 20대 중반까지 내가 '잠'을 생각하면 떠올렸던 것들이다. 이제는 거기다가 건강과 규칙을 함께 떠올린다. 별다른 일이 없다면 밤 11시부터 데파스를 먹고 밤 12시 전후로 잠든다. 아침에는 7시에서 9시 사이에 깬다. 내가 좋아하던 것들을 계속 즐기기 위해 규칙적인 잠과 밥으로 안전한 대들보를 놓아 지붕이 무너지지 않도록 한다.

　　『그리고 일기가 남았다』를 쓰던 2021년에는 일기 쓰기로 안정감을 찾았다. 그때 텀블벅에서 크라우드 펀딩을 진행했다. 대전의 복합문화공간 맞배집에서 후원해 주었다. 펀딩에 참여한 사람들이 선택할 수 있는 선물 중에는 내가 식사를 대접하며 실패에 대한 이야기를 나눠 보는 시간도 있었다. 정규 1집 제작기로 글쓰기를 시작했으나 정규 1집 제작은 실패했고 (으아아, 올해 2023년도 실패) 대신 일기가 남았다.

다영 님과 우리 님이 대전에서 서울로 왔고 우린 식당에서 만났다. 식당에서 맞배집의 두 번째 컴필레이션 앨범 이야기를 들었다. 맞배집의 첫 컴필레이션 앨범에 참여를 제안받았을 때, 마침 《We, Do It Together》 컴필레이션에 참여하던 중이라서 새로운 곡을 두 곡이나 만들 자신이 없었다. 그렇게 맞배집의 첫 번째 컴필레이션 앨범에 대한 이야기를 이메일로 나누다가 아쉽게도 스르르 기회가 지나가 버렸다. 두 번째 컴필레이션에 대한 이야기를 들으니 마음이 뛰었다. 식당에서 들었을 땐 나는 참여자가 아니었다. 맞배집의 두 번째 컴필레이션 계획을 들으니 기쁘게 응원하는 마음이 들었다.

그러다가 맞배집의 두 번째 컴필레이션 앨범 《사랑과 존경을 담아》(2022)에 뒤늦게 참여하게 되었다. 《사랑과 존경을 담아》는 정말 사랑과 존경을 담아 그 자체로 느껴졌다. 음악가와 대전의 창작가가 1 대 1로 매칭되어 한 곡을 만들어 내야 했다. 그렇게 여섯 팀. 나는 맞배집의 다영 님과 함께 곡을 만들게 되었다. 다영 님과 나는 사회에서 기대되는 여성상에서 벗어난 여성들에 대해서 이야기를 나눴다.

다영 님이 도마 이야기도 먼저 꺼내 주었다. 도마와 함께한

추억을 떠올린다. 도마 생전에도 나는 도마에 대한 꿈을 많이
꿨다. 서른이 되지 않아 죽었다. 학창 시절에 죽은 동갑 학우들이
네 명이었다. 도마와 나는 나이가 달랐다. 도마가 죽었을 때 나는
서른이 넘었다.

언젠가 오랜만에 만난 도마는 조심스럽게 꿈 이야기를
꺼냈다. 자기 꿈에서 우리 둘이 낭떠러지에 매달려 있었다고
했다. 꿈도마는 자기가 매달려 있는 상황에 혼잣말로 욕을 했는데
꿈애리도 매달려 있는 걸 보고는 위안이 되었다고 했다. 그 와중에
꿈애리가 밑에 봐, 경치 좋다 해서 밑을 봤더니 정말 경치가
좋았다더라.

진짜? 그런 꿈을 꾸다니. 사실 나도 얼마 전에 꿈도마와 좁고
불안한 기구를 타고 하늘 위로 날아가는 꿈을 꿨는데. 녹이 약간
슨 것 같고 얇은 철제로 되어 있는 기구라서 불안하긴 했지만
경치가 좋았어. 우리 둘 다 각자의 꿈에서 좋은 경치를 함께 봤다니
신기해. 신기한 건 너무 좋아. 그런 대화를 나눴었지. 다영 님과
만든 곡의 제목을 〈비행〉이라고 지었다.

비행

전하고 싶은 말들이 있어
여기 있다고 외우고 싶어
네가 이해한 세상을 오래
유영을 할래 너와 함께

잊혀지지 않는 둘만의 어제가
오늘의 우리를 내일을 상상해
잊혀지지 않는 둘만의 어제가
오늘의 우리를 내일을 상상해

전하고 싶은 말들이 있어
여기 있다고 외우고 싶어
네가 이해한 세상을 오래
유영을 할래 너와 함께

잊혀지지
않는 둘만의 어제가
오늘의 우리를 내일을 상상해
잊혀지지 않는 둘만의 어제가
오늘의 우리를 내일을 상상해

잊혀지지 않는 둘만의 어제가
오늘의 우리를 내일을 상상해
잊혀지지 않는 둘만의 어제가
오늘의 우리를 내일을 상상해

많이 힘들던 때엔 다양한 모습의 여성들이 나오는 드라마만
볼 수 있었다. 등장인물이 피폐해지는 모습을 보는 것이 예전보다
힘들어졌다. 선악 구도가 확실한 드라마가 오히려 힘들었다.
다만 선악 구도가 있고 피폐해지는 인물이 나오더라도, 인물들의
맥락과 욕구, 사랑하고 사랑받고 싶은 마음, 살아나가고 싶은
마음이 있다면 좋았다.

〈오렌지 이즈 더 뉴 블랙〉(〈오뉴블〉), 〈러시아 인형처럼〉,
〈그레이스 앤 프랭키〉에서는 다양한 모습의 여자들이 등장한다.
〈오뉴블〉은 미국 여자 교도소 이야기인데, 수감된 죄수들의
이야기를 따라가면서 눈물을 많이 흘렸다. 등장인물들에게 정이
들려고 하다가도 골 때리는 언행을 보면 다시 안타까워지는데,
결국에는 연민과 공감으로 미워할 수만은 없게 된다. 교도소
이야기이지만 세상과 사람들의 이야기이기도 하다. 영화나
드라마를 보면 일시적으로라도 마음이 넓어지는 것 같아
만족스럽다.

〈오뉴블〉에서 가장 좋아하는 인물은 니키. 나타샤 리온이라는
배우가 연기했다. 젠지 코핸은 〈오뉴블〉을 제작하기 전에
〈위즈〉(2005)라는 드라마를 제작했고, 나타샤 리온은 거기에도
출연했다. 나는 나타샤 리온을 나타샤 리온니라고 부르고 있다.
언니, 온니, 나타샤 리온니.

〈오뉴블〉에 빠져서 드라마 배우들이 토크쇼에 나왔던 유튜브

97

영상도 찾아봤다. 니키는 계속 마약 문제를 일으키는 곱슬머리의 유쾌한 레즈비언이다. 니키를 연기한 나타샤 리온이 토크쇼에서 대마초도 잘 몰랐다며 웃는다. 사람들도 따라 웃었다. 그렇구나 싶었다. 이 얘기를 가장 오래된 20년 친구에게 했을 때, 그 친구가 나타샤 리온은 아역배우로 연기를 시작했고 마약 때문에 재활 치료를 받기도 했다고 말해 줬다. 좀 더 찾아보니 나타샤 리온은 명문 학교에서 장학생이었지만 마리화나를 팔다가 퇴학당한 적도 있다는 것이 공공연한 사실이었다. 그제야 토크쇼의 웃음을 제대로 이해하게 되었다.

드라마에서만 그런 역할을 맡은 게 아니라 실제로 마약 문제가 있었던 사람이 이런 좋은 드라마에서 연기하는 건실한 사회 구성원으로 살아갈 수 있다고? 아니, 정확히는, 재활과 지지를 거쳐 건실한 사회인으로 다시 일어서는 게 가능한 사회라고? 용납되지 않은 사회였다면 나타샤 리온니를 볼 수 없었을 거라고 생각하니 슬펐다.

자연스럽게 나타샤 리온이 나디아라는 주인공을 연기한 드라마 〈러시아 인형처럼〉을 시청했다. 나디아는 30대 중반으로, 끊임없이 담배를 피운다. 힘들었던 기억에 눈물을 흘리면서도 어떻게 하면 이 상황을 웃기게 표현할 수 있을까 골몰하는 것 같은 유쾌한 사람이다. 나디아는 친구들, 전 애인, 하룻밤 상대, 엄마의 친구이자 상담사인 루스와 교류하며 혼란스러운 상황을 맞닥뜨린다. 특히 두 번째 시즌에서는 돌아가신 엄마에 대한 기억과 트라우마 속에서 시간 여행을 한다.

본가에 가서 엄마와 TV 앞에 앉아 일부러 〈러시아 인형처럼〉을 재생해 놓았다. 더불어 〈그레이스 앤 프랭키〉를 틀어 놓기도 했다. 청춘남녀의 결혼을 반대하는 부모가 목 뒤를 잡는 드라마가 아니라 다양한 젠더와 연령을 가진 사람들의 다양한 삶의 모습도 이 세상에 있다는 걸 제발 알았으면 좋겠어서.

〈그레이스 앤 프랭키〉는 두 70대 여성 노인의 이야기이다. 도시 커리어 우먼 할머니와 귀여운 히피 할머니가 여러 사건들을 겪다가 나중에는 노인의 손목에 무리가 가지 않는 바이브레이터 사업까지 하게 된다. 이 시트콤 안에서 가족과 동거, 사랑의 일반적인 개념은 혼란스러워지고 등장인물들이 상처를 주고받기도 하지만 결국 따뜻함을 느끼게 된다.

이 드라마들에서 여성들은 좌충우돌하며 사람들과 싸우고 눈물 흘리면서도 다시 웃으며 껴안기를 반복한다. 이런 여성들이 우리 곁에 있는 사람이거나 혹은 나일 수도 있다. 결국 웃고 싶던 나는 이런 여성들이 나오는 시트콤에 한창 빠져 있었다. 다영 님과도 이런 이야기를 나누었다. 다영 님은 대화를 나눈 후에 메일로 글을 보내 주었다. 스크롤을 내려야 할 정도로 긴 글이었다. 그중 주변 사람들과 친구들을 향한 슬픔과 사랑이 가득한 글들에 영감을 받았다. 다영 님의 글 일부를 따서 가사를 만들었고, 작곡했다.

네게 전하고 싶은 말이 있어. 네가 얼마나 멋있었는지 대단했는지 한참을 설명하고 싶어서 편지를 쓰려다가도 결국 좋았다는 말만 하게 되지만. 부치지 못한 메일이 있어.⋯⋯사실은 네가 찬란했던 날 나는 멈추고만 싶었다고. 그 앞에 오래, 아니 곁에 오래 있겠다고 마음먹었다고. 말하는 날이 올까. 너는 작고 빛나서 멀리 날고 여러 초를 밝힌다고. 네 용기는 옮겨진다고. 너는 크지 않아도 깊고 넓다고. 네가 이해하는 세상에서 나는 오래 유영하고 싶어. 사람을 살리는 재치를 몇 번이고 곱씹고 삼키고 싶어. 네 글을, 말을, 목소리를, 대화를 지워지지 않는 펜으로 힘 있게 눌러 적고, 우리는 여기 있다고, 외우고 싶어. 잊혀지지 않는 어제가 오늘의 우리를 먹이고 내일을 상상하는. 상상할 수 있는 마당을 짓자.

한참 이 책을 쓰던 와중에도 준민과 교류했다. 준민은 신기한 면이 있다. 나는 몇 년 동안 내지 못하고 있는 정규 앨범을 준민은 척척 내 버린다. 벌써 정규 6집까지 냈다. 그 사이사이 각종 형태로 음원을 발매한다. 컴필레이션, EP, 싱글 등. 끊임없이 만들어

낸다. 준민은 가끔 자기가 만든 음악을 들려준다. 그중 한 곡에 꽂혔다. Livigesh와 Velvet Dust(VD)가 함께 만든 곡이었다. 어느 날 VD가 준민에게 작업해 보고 싶다고 메일을 보냈다고 했다. VD는 어느 나라 사람일까? 준민도 모른다고 했다. VD가 피아노 멜로디를 보냈고, 준민이 베이스 라인을 넣었다. 준민이 만든 드럼 샘플 팩에 비트를 더 풍부하게 만들려고 Roland R-5 드럼 머신의 소리를 얹었다. 비트를 함께 만들고 마지막에 준민이 '아~!?' 소리를 넣었다.

준민과 VD가 함께 만든 곡을 들으면서 나는 닐리리야 노래를 불렀다. 한·글 문서에서 글을 작성 중인데 '닐리리야'를 쓸 때마다 '닐리리야'로 바뀐다. 본격적으로 곡 작업을 하려고 '닐리리야'를 검색했을 때도 '닐리리야'가 나왔으나 '닐리리야'가 정감 가서 '닐리리야'를 고집했다. 닐리리야 / 닐리리야 / 닐리리야 / 닐리리야. 이 정도만 노래해 놓고 몇 주일이 지나서야 준민과 작업을 하기로 약속을 잡았다. 약속 전에 가사 작업을 미리 해 놓고 싶었지만, 여유가 마땅치 않았다.

닐리리야 닐리리야
닐리리야 닐리리야
닐리리야 닐리리야
닐리리야 닐리리야

거짓 없는 마음으로
바라보는 시선으로
가식 없는 마음으로
들어 보는 속삭임

마음을 어떻게 봐요
내 마음부터 봐요
세상 마음 봐요
태어나서 봐요

마음을 어떻게 봐요
내 마음부터 봐요
세상 마음 봐요
태어나서 봐요

마음을 어떻게 봐요
내 마음부터 봐요
세상 마음 봐요
태어나서 봐요

마음을 어떻게 봐요
내 마음부터 봐요
세상 마음 봐요
태어나서 봐요

닐리리야 닐리리야
닐리리야 닐리리야
닐리리야

진실된 마음으로
느껴 보는 감각으로
정성 어린 마음으로
먹어 보는 우주

Would you like some tea?

닐리리야 닐리리야
닐리리야 닐리리야

닐리리야 닐리리야
닐리리야 닐리리야

103

가사 작업을 못했는데 준민과의 약속 날이었다. 꼭 미리 작업을 해 놓기로 한 건 아니었지만, 왠지 아쉬웠다. 어쨌거나 멀리 우리 집까지 온 준민과 함께 컴퓨터 앞에 앉아 정말 가사를 써야 했다. 곡 제목은 내가 처음 이 곡을 들었을 때부터 〈Soulful Energy Exchange〉였다.

2023년 5월에 〈Building〉을 발매하며 나의 이야기와 영혼을 짓고 싶다고 했는데, 그 사이에 영혼을 어떻게 지었나? 2023년 9월에는 영혼끼리 만나 교류하는 이야기를 하게 되었다. 영혼을 담아 기운을 주고받으려면 어떻게 해야 할까. 마침 우리가 하던 이야기의 주제들이 트라우마, 상담, 소통방식, 습관 등이었다. 올해 정신건강의학과와 심리상담 센터를 다니며 새롭게 다시 체감한 점이 있다.

유년시절에 상처받아 고착화된 방어기제와 감정, 사고방식을 충분히 다루지 않았을 때, 먼 훗날 겪는 일들이 예기치 못하게 트리거가 되기도 한다. 내가 특정 상황에서 어떻게 반응하는지가 유년시절과 깊은 연관이 있다는 건 알았다. 하지만 내가 어느 지점에서 심리적으로 불편함을 느꼈는지도 유년시절과 연관이 있을 수 있다는 건 자주 놓치고는 했다. 심지어 유년시절과는 전혀 상관없다고 치부했던 현재의 일과 감정, 생각도 결국 연결되어 있다는 걸 알고 새삼 놀랐다.

친구들에게서 가끔 '솔직하다'는 말을 듣는다. 키라라는 가끔 내가 투명하다고 한다. 내가 건축물인 성이라면 투명한 성이라고.
가족 내 인간관계에서의 갈등을 더 이상 회피했다가는 내가 살 수
없어서 매일 싸웠던 듯하다. 그리고 믿음에게서, 정아 언니에게서,
모순될 수 있는 마음들이 마구 공존하는 마음을 솔직하게
표현하는 법을 배웠다. 사랑을 주고받는 법이라고도 하고 싶다.

　　　LP로 제작한 EP 앨범 《SEEDS》가 다 팔리지 않아 몇 년간
소량 남아 있었는데, 준민의 소개로 레코드 가게에 LP를 다섯
장씩 입고했다. 을지로에 있는 '미오 레코드'에 먼저 입고했다.
미오 레코드의 미오 님은 몇 년 전에 스트레인지 프룻에서 영훈을
통해 만난 적이 있었다. 그리고 올해 처음으로 이미 단골인 준민과
함께 미오레코드에 방문한 것이다. 준민이 나를 소개하자 미오
님은 '그 망원동의 안경 낀 친구'가 많이 말했다고 했다. 영훈의
이름을 모르거나 기억이 나지 않아서 그렇게 말한 게 아니었다.
미오 님은 장난을 좋아하는 분 같았다. 지금은 덕분에 LP가 정말
얼마 남지 않아 한 곳을 제외하고는 더 이상 입고할 수 없는 상황이
되었다.
　　　준민과 함께 이태원에 있는 '웰컴 레코즈'에 방문해 나의
LP를 입고한 날, 뮤직비디오에 사용할 영상을 찍었다. 입고 후

가게에 있는 카페에서 각자 작업하는 시간을 가졌다. 그다음 주에 잡혀 있던 디제잉 일을 위해 레코드박스(rekordbox)라는 프로그램을 이용하여 믹스 셋을 짜고 있었다.

2023년 초여름, '인터내셔널(The Internatiiional)'에서 주관하는 디제이 워크샵 '2dfx' 5기 모집 공지를 보고 신청하여 Arexibo에게 디제잉을 배웠다. 몇 년간 라디오 DJ를 맡아 방송을 진행하기도 했다. 하지만 재작년까지 LP나 CD, USB를 들고 다니며 이벤트 공간의 장비에 연결하여 시간을 이끄는 디제잉에는 통 관심이 없었다. 사람들이 좋아할 만한(?) 빠르고 신나는 곡(?)을 선곡할 자신이 없었다(?). 부분마다 뭔가 모를 의문이 들긴 했다. 그런데 이 생각이 부분적으로는 내 편견이었다니.

2022년 여름에 영다이, 조율, 위지영의 디제잉을 볼 기회가 있었는데 놀라 자빠질 뻔했다. 영화 〈멀홀랜드 드라이브〉에서 좋아하는 장면이 무척 많지만, 레베카 델 리오가 무대에서 나와 무반주로 〈Llorando〉를 부르는 장면이 특히나 너무 좋아서 그 노래를 질릴 때까지 계속 듣고 따라 부르며 연습까지 해 봤는데, 그 노래가 나오는 거 아닌가? 지영은 무반주 노래 〈Llorando〉를 마지막 곡으로 틀고는 노래가 끝나기도 전에 디제이 부스에서 나가 버렸다. 영화 〈멀홀랜드 드라이브〉 자체와 그 노래가 나온 장면 모두에 어울리는 퍼포먼스였다. 보자마자 헐레벌떡 위지에게 그 영화와 그 노래를 좋아한다며 인스타그램 DM으로 난리

부르스를 췄다.

　2dfx 수업에서 DJ는 disk jockey의 줄임말이라며 근본적으로 음악을 큐레이션하는 것이 디제잉이라고 들었다. 디제잉에 관심이 생긴 것도 작년에 본 디제잉 무대를 통해 바로 이 근본적인 부분을 알게 되었기 때문이다. 디제잉을 배우고 나서 두 달 만에 디제잉으로 네 번의 이벤트에 참여했다. 30~60분 믹스 셋 하나를 짜는 데 나름 고민하느라 최소 5시간 정도 걸린다.

　준민과 웰컴 레코즈에서 나와 우연히 미암미암이라는 가게에 들어가 저녁을 먹었다. 나비 효과가 시작되었다. 가게에 LP를 구경하며 가게 주인과 대화를 나누다가 옥상에서 열릴 플리마켓에 대한 정보를 들었다. 그후에 나는 혼자 미암미암 플리마켓에 들러 실컷 즐기는 시간을 보냈다. 그때 알게 된 분이 레슨을 연결해 주었다. 내가 레슨을 받는 입장이 아닌, 레슨을 하는 사람이 되었다. 영어가 아닌 음악으로.

　에이블톤(Ableton: 로직과 유사한 DAW 소프트웨어)을 잘 모르는데 에이블톤을 가르치게 생겼다. 예전에 키라라가 에이블톤을 조금 알려 준 적은 있었지만 아주 기본적인 것을 제외하고는 거의 다 잊어버렸다. 단축키도 못 외웠고, 모르는 기능이 한가득이다. DAW 소프트웨어에 대해 가르칠 수 있을 만큼 안다고 할 수 없었다. 그래서 일단 레슨은 뒤로하고, 작업한 걸 서로 보여 주며 이야기를 나눠 보자고 제안했다. 미팅을 해 보니

에이블톤을 이용하여 곡을 발전시키는 데 최대한 내가 아는 것을 이용하면 도움이 될 수 있겠다고 의견을 모았다. 꼭 에이블톤이 아니더라도 반가운 만남이었다. 우리가 어떤 재밌는 시간을 공유할지 벌써 기대된다.

준민과 저녁을 먹고 나와 뮤직비디오 영상을 찍어 보기로 했다. 아무 골목으로 들어가니 적당히 촬영할 만한 장소들이 꽤 보였다. 버려져 가로로 누워 있는 거울을 보고, 건물로 들어가는 계단을 보고, 여기다, 감이 바로 왔다. 아무렇게나 춤췄다. 덩실덩실.

준민은 다시 생각해도 신기하다. 뮤직비디오를 뚝딱 만들어 버렸다. 〈Drowsy Sleep〉 때도 그랬는데, 〈Soulful Energy Exchange〉도 그랬다. 공식적으로 발표하기 전에 뮤직비디오를 보여 줬는데 친구들이 음악과 영상을 모두 좋아해 주었다. 특히 영상을 보고 친구들이 박장대소하거나 놀랐다. 웃거나 뻔뻔하게 막춤을 춰 대는 내 모습이 우글우글 마구 일그러지며 어지럽다.

어지러운 걸 좋아한다. 속이 안 좋아지면 싫어지지만, 속이 괜찮다면 어지러운 게 좋다. 어렸을 때 자주 동생과 번갈아가며, 한 명은 회전의자에 손잡이를 잡고 앉고 다른 한 명은 상대가 앉은 회전의자를 돌려 주었다. 자주 커다랗고 아주 깊지는 않은 통 안에 몸을 비집어 넣어 반동을 이용해 통을 왼쪽, 오른쪽으로 굴리며 흔들거리는 걸 즐겼다. 자주 집 안에서 선 채로 양팔을 옆으로 쫙 펴고 빠르게 제자리에서 오래 돌았다. 엄마는 어지럽다고 그만 돌라고 했다.

올해 초 한 미팅에서 처음 온라인으로 얼굴을 보고 이야기를 나누게 된 창작가가 내 음악이 좋다며 유쾌하게 말했다. 음악을 들어 봤는데, 혹시 돌아이세요? 저요? 그 창작가의 작품과 그가 좋아서 그런지 그 말이 나쁘지 않았다. 오히려 기분이 좋기도 했다. 다만 처음 들어본 말에, 내 음악이 그 정도로 느껴지나? 신선했다. '돌아이'를 처음으로 어학사전에서 찾아본다. 상식에서 벗어나는 사고방식과 생활방식을 가지고 자기 멋대로 하는 사람. 조금……돌아이 하기 싫어지네……. '멋대로'라는 말 때문에 조금 싫어지고 있었는데, '멋'에 꽂힌다. '멋'은 좋은데……멋대로 살고 싶어서 힘들어했는데, 막상 멋대로 산다는 말을 들으니 알 수 없게 되는 마음.

나는 이번 작업에서 또 즐겁기만 했다. 즐겁게 작업할 수 있도록 함께해 준 준민에게 고맙다.

흔들리고 무너지고 은둔하고 방황하는 안정

잠은 나에게 편안하고 재밌는 상태일 뿐이었는데, 건강과 생존에
필수적이므로 규칙을 정하기로 했다. 어느 순간부터 무너지면
못 일어나는 시간이 길어졌다. 기본적인 생활이 힘들어지자
경제활동을 계속하면서도 사회인으로서 해야 할 또 다른 일들을
자주 챙기지 못했고, 약속 시간에 심하게 늦거나 약속 장소와는
다른 장소에 가 있는 등 어려움을 겪었다. 정서를 다루지 못하고
여기저기 휘둘려 정신도 피폐해졌다. 재활을 위해 병원에
입원해야겠다고 결심했으나 2019년에는 음악 활동이 이어져
바빴고 2020년에는 과외 회사에 취직해서 지금까지 일하고 있다.

2015년부터 심리상담 센터를 많이 이용했는데 2020년에는

정신건강의학과도 정기적으로 다니기 시작했다. 벌써 4년 차라니!
그렇게라도 진지한 치료를 시작해서 다행이다. 정신건강의학과
약을 규칙적으로 복용하기 시작하고 나서 1~2년 동안 감정의
높낮이가 일정해지는 걸 느끼며 흡족했다. 코로나 바이러스가
유행했고 자연스레 외부 자극이 줄었다. 슬플 일도 없었지만 기쁜
일도 없었다. 그렇다 해도 눈물은 이상하리만큼 나지 않았다. 그만
울고 싶고 안정적인 마음을 가지고 싶었는데 성공이었다. 그런데
감동도 사라졌다. 어리둥절하고 아쉽고 불안하기도 했다.

요즘엔 다시 원래대로 느끼며 살고 있다. 마음의 파동이
널뛰긴 해도 금방 돌아온다는 점이 예전과는 다르다. 끔찍하게
힘들고 아픈 기분일 때도 그동안 긁어모은 모든 방법을 동원하여
받아들이고 직면하여 떠나보내려고 한다. 언제나 성공하진
않는다. 실패할 때도 많지만 적어도 어떤 방법이 도움이 되는지
계속 떠올리려고 한다. 그리고 빠르면 몇 시간 만에, 느리면
일주일 만에 다시 안정적인 궤도로 돌아온다.

스물다섯에 정서도 습관이라는 생각이 들었다. 우울하고
슬프고 분노하여 아프게 되는 정서가 물이라면 내 뇌에는 그 물을
흐르게 하는 물길이 깊게 파여 있다. 하지만 샛길이 더 많을 수도
있겠다는 생각이 들자 다르게 살고 싶어졌다. 인생을 바꾸기에는
늦었다고 생각하던 스물의 나를 스물넷의 내가 바라보았다.
서른이 되면 스물넷도 늦지 않았다고 생각할까. 가장 적극적으로

내 인생을 고민하고 행동을 시작했던 게 그때였다. 무작정 음악
활동을 시작했다.

앞으로 물길을 내고 싶은 정서를 생각해 봤다. 행복, 감사,
아름다움, 편안함, 사랑. 익숙하지 않아 신 포도 취급하며
흘겨보던 것들에 대한 내 진심. 미래를 생각하면 깜깜했는데,
처음으로 미래를 생각하면서 점점 달라지는 나 자신을 볼 수
있었다. 희망이 생겼다.

심리상담 센터로 포문을 열며 어린 시절부터 현재의
사건들까지를 꾸준히 상담에서 다루었지만 서른까지 생활은 점점
엉망이 되었다. 발길이 떨어지지 않아 못 가던 병원을 드디어
다니게 되었을 때에야 그토록 원하던 안정감 또는 무덤덤함을
얻었다.

이전보다 덜 널뛰거나 널뛰더라도 다시 빠르게 돌아오는
정서로 마음 편하게 놀던 때가 2022년이었다. 올해 2023년부터
연, 월, 주, 일, 시간별로 계획을 기록할 수 있는 다이어리를 구입해
이용하고 있다. 2022년엔 놀아도 놀아도 끝나지 않는 계절처럼
놀았다. 너무 놀아서 기분이 안 좋아질 줄 알았지만 좋기만 했다.
기분 좋게 노니까 더 잘 살고 싶어졌다. 마침 동거인과 동거묘도

함께 살던 집을 떠나 근처로 이사 가게 되었다. 나는 혼자서 이 집에 남아 한동안 계속 살아갈 것이다. 스스로를 잘 챙겨야 한다는 생각이 강하게 들었다.

2층 투룸 전체가 나만의 공간이었다. 늘어난 공간을 메우려고 가구를 재배치했고, 새로 사기도 했다. 그전엔 거의 매일 음식을 사 먹었는데, 집에서 식사를 차려 먹고 설거지를 하기 시작했다. 적은 자본으로 서울 홍대 부근에서 지낼 수 있는 곳은 지하뿐이었다. 반지하 살 때 햇볕의 중요성을 깨달았다. 햇빛에 일어나는 게 좋아서 2층 투룸에는 암막 커튼도 치지 않았다. 마침 귀찮기도 하니 일석이조. 아침 일찍부터 햇살에 눈 부셔 깨려면 일찍 자야 했다. 하루에 잠은 얼마나 자고, 담배는 얼마나 피우고, 청소나 정리는 했는지, 작업은 몇 시간 했는지 등을 기록하기 시작했다.

미네소타 대학교에서 개발한 다면적 인성검사를 MMPI라고 한다. 현재 가장 널리 쓰이는 심리검사로, 개인의 성격과 정서, 적응 수준 등을 다차원적으로 평가하기 위해 개발된 자기 보고형 성향 검사이다. 정신건강의학과에서 처음으로 MMPI 검사를 했을 때 우울이나 불안보다 강박증이 더 높은 점이 의아해 질문을 했다. 청결을 중시하고 정리를 잘하는 것, 이런 게 강박증 아닌가요? 저는 잘 씻지도 못하고 정리도 잘 안 되는데요. 강박이란 내가 어느 기준을 잡고 있는데 그에 못 미쳤을 때 스스로 힘들어하는 정도입니다. 나는 나에 대한 기준이 너무 높구나. 그렇게 기준을 낮추고 싶어 했으면서, 그렇게 자유로워지고 싶었으면서, 자유롭지 못했어.

처음부터 다이어리를 꽉꽉 보람차게 쓸 생각을 내려놓으려고 했다. 또 강박이 되어 스트레스를 받을까 봐. 내가 얼마나 자고, 얼마나 스마트폰을 들여다보며, 얼마나 노는지 시간으로 수치화하고 싶었다. 나아가 규칙적으로 시간을 정해 작업을 하고 싶은 게 최종 욕심이었지만, 계속 내려놓았다. 스스로 비난하다가 제풀에 지쳐 또 완전히 쓰러질까 봐.

친구 한 번 만나면 여섯 시간이나 쓰는구나. 스마트폰을 네 시간이나 들여다보는구나. 주말엔 열 시간일 때도 있구나. 당일 약속을 잡아 끊임없이 사람을 만나는구나. 다이어리를 쓰면서 알게 된 것들. 내가 어떻게 지내고 있는지 인지하지 못한 지도 오래였는데 다이어리에서 도움을 얻었다. 음악 작업을 하며 기록해 보니 작업 집중력도 파악할 수 있었다. 한 시간 만에 방전된 느낌으로 집중을 더 이상 못하는구나. 한 시간 만이라도 잘했다 하면서.

다이어리는 고등학생 때부터 10년 넘게 계속 쓰고 있다. 그런데 그동안 월별로만 기록했다. 한번 무너진 몸과 마음으로 아무리 월별로만 앨범 발매 계획을 짜 봐도 계속 실패하고 있었다. 그러던 차에 주별과 일별, 심지어 시간별로 기록할 수 있는 다이어리를 발견한 게 기회처럼 여겨졌다. 또다시 나를 바꿀 기회. 내가 하고 싶은 활동과 살고 싶은 삶을 만들 기회.

월, 주. 일. 시간별 다이어리를 써 본 게 완전히 처음은 아니다. 고등학교 3학년 때 1년 동안 사용하면서 미리 계획하고 기록을 해 나갔다. 그때도 나름 무리하지 않으려고 했다. 계획을 여유 있게 짜고, 자투리 시간을 활용하려고 했고, 주중에 다 못한 학업을 주말에 보충할 시간까지 계산했다. 미리 다 하면 마음 편하게 휴식했다. 무려 입시를 준비하는 고등학교 3학년인데 밤에 영화도 계속 봐서 아빠에게 심하게 혼나기도 했다. 올해 다시 만난 시간별 다이어리에서는 그것보다도 더 여유를 두었다. 자고 깨고 먹는 기본적인 생활부터 파악해도 애리야 감사하다였다.

신나고 슬프게 흔들리다가 무너졌다. 은둔하다가 불쑥 튀어나와 방황한다. 하지만 언제나 안정을 찾을 것이다. 잠이라는 안정. 식사라는 안정. 생계라는 안정. 창작이라는 안정. 삶이라는 안정. 죽음이라는 안정. 수많은 것들에 안정이라는 이름을 붙여 주니 안정된다. 혼란이라는 안정. 혼란마저 안정이라는 이름을 가지니 편안하다.

최근에 친구와 대화를 하다가 무심코 "나는 혼란이야"라고 했다. 그렇게 말해 놓고 나도 나한테 좀 놀랐다. 이야기를 너무 좋아한 사람의 결말이려나. 작품 속 이야기와 작품 밖 이야기가 뒤섞였다. 보이는 광경에 모든 것들이 뒤섞여 뒹굴고 있다. 배경이 보이지 않는다. 공중도 꽉 차 있어서. 내가 어디에 있는지 가늠할 틈도 없이 수많은 존재와 무생물, 사건들이 내 시야에 펼쳐지면 아름답다고 생각했다가 혼란스러워서 울부짖기도 한다.

내가 어디에 있나? 우주. 태양계. 지구. 대한민국. 서울. 연희동. 내 집. 내 몸. 어디에 있나 깨달은 즉시 안정감이 든다. 혼란이라는 안정과 함께 나는 한곳에 있고 여러 곳에도 있다. 몸의 호흡과 함께 편해진다. 큰 우주 속에서 점보다 작을 몸으로 존재한다는 것이 안정감을 준다. 커다란 혼란 속에 이 작은 나, 자아, 몸의 혼란도 그 안에 속해 있다니. 얼마나 질서가 느껴지고 안심이 드는지. 개인적인 혼란이 작아진다. 더 큰 혼란 안에서.

2021년 『그리고 일기가 남았다』를 쓰고 있을 때쯤 무너짐에 대한 컴필레이션 섭외 제의를 받았다. 그 덕분에 곡을 하나 썼다. 하지만 프로젝트 자체가 취소되었고, 그 곡은 그대로 묵혀 두며 가끔 공연할 때 부르곤 했다. 근 3년간은 전처럼 공연을 자주 하지 않았다. 그전에는 공연을 일주일에 한 번 이상 소화해 냈는데,

117

공연에 진을 다 쓴 기분이었다. 공연을 많이 하고 싶지 않아졌다.

　　데모 음원의 목소리 가녹음은 카페에서 했다. 당시 집과 자주 가던 카페에서 주로 작업했는데, 카페에서 멜로디와 가사가 생각난 김에 녹음하지 않으면 내가 언제 또 이 프로젝트 파일을 들여다볼지 몰랐다. 그래서 카페에서 바로 스마트폰에 유선 이어폰을 연결해 조용히 목소리를 녹음했다. 카페의 소음이 다 들어갔다. 그리고 그것도 좋았다.

　　데모를 다른 작업자들에게 들려주기도 했다. 어떤 음악가들은 보컬을 카페에서 이어폰으로 녹음했다니, 그런데도 좋다니, 열 받는다고 너스레를 떨어 주어 고맙고 기분이 좋았다. 하지만 더 발전하고 싶었다. 싱글 《신세계》(2020)부터 주로 음악을 DAW 프로그램으로 만들어 왔는데, 너무 무난하거나 난리를 치거나 유치하게 들릴까 싶어 어떻게든 뭔가를 더 해내고 싶었다.

　　2020~2021년에는 음악을 거의 찾아 듣지 않았다. 머릿속이 이미 시끄러웠고, 귀에 닿는 소리들이 피곤했다. 그런데 2022년부터 혼자 살게 되면서 집에 많은 손님들을 초대했고, 플레이리스트를 만들기 시작했다. 많이 들어 봤자 뭐 해. 부럽기만 하지. 이렇게 좋은 음악을 못 만들어 내는 내가 아쉽고. 이런 생각들이 차츰 사라졌다. 많이 들어서 좋으면 됐어. 이 모든 게 언젠가 내가 작업할 때도 도움이 될 거야. 믿게 되었다.

시간별 다이어리까지 작성하기 시작하면서 제작 취소된 컴필레이션 앨범을 위해 만든 곡을 다시 들어 봤다.『그리고 일기가 남았다』에 가사를 수록하기도 했건만, 새삼 이런 가사를 썼다는 게 놀라웠다.

무대에 있을 때 제가 더 살아 있는 느낌이 들어요. 몇 년 전 〈EBS 스페이스 공감〉 인터뷰에서 했던 말이다. 이제 무대 밖에서도 살아 있는 느낌이다. 대신 공연을 덜 했더니 예전보다 무대 위에서 몰입하고 살아 있는 기분을 많이 잊어버려서 당황스럽기도 하다. 연습을 많이 하면 할수록, 실전 경험을 자주 할수록 익숙해지니까 공연이 잡히면 연습을 많이 하자.

＿

부모, 기회의 박탈, 성폭력, 생계 등 모두를 주저앉음의 이유로 생각하면 무엇이 달라질까? 달라지긴 한다. 나와 세상의 관계를 파악하고 스스로의 기질과 마음을 들여다볼 수 있기 때문이다. 그렇지만 나중에는 또 어떻게 변할지 몰라도 현재 나에겐 분노가 궁극적 답이 아니다. 적당한 분노는 도움이 되었지만 분노에 휩싸이다 못해 슬픔과 자기 연민에 잠식되어 주변 사람들에게 도움을 받기만 하고 폐를 끼치는 기분이 되었을 때, 비참한 마음을 주체할 수 없었다.

119

작년 말부터 에세이 출간 제안을 두 곳에서 받고 글을 쓰며 내 마음을 더 잘 돌아볼 수 있었다. 거의 매일 다이어리에 5~10줄 정도 간단한 일기도 쓰고 있다. 몸, 마음, 생활, 일, 놀이, 휴식의 균형을 이루려고 노력한다. 음악을 잘하고 싶지만 욕심만큼 잘 안 되니 내려놓고 마음을 수련한다. 무엇인가를 잘하기 위해서, 그리고 꼭 무엇인가를 잘하지 않더라도 계속 살아가기 위해서, 스스로를 조심히 매만지며 하루하루 생활한다.

2019년에 좋은 일이 많았다. 다행히 다른 혼란의 친구들과 만나 혼란과 안정을 나누었다. 여전히 화나고 슬픈 일이 많았지만 감사해서 어쩔 줄 모르기도 했다. 이제 응원해 주는 사람들이 있어. 상까지 받았잖아. 부담스러운 마음은 넣어 둬. 배부른 소리는 하지 마. 사람들이 재수 없다면서 떠나갈까 봐 두려워. '대수롭지 않은'이라는 뜻을 담은 영어 이름 표기인 AIRY를 생각해. 대수롭지 않게 계속해 나갈 수 있어.

전혀 아니었다. 부담감을 이길 힘이 부족했다. 정말 주저앉아 있었다. 2020년부터 사람들이 앞으로 애리의 음악에 실망할 일만 남을 것 같다는 불안감을 떨치기 힘들었다. 그 생각을 정면으로 바라보지도 못하니 불안감은 해가 거듭 바뀌어도 오래 갔다. 다른 사람이 뭐라고 하든지 원하는 일을 한다고 생각하며 작업에 집중해 보는 건 어때? 그래도 좋은 걸 만들어 내고 싶어. 잘하는 사람이고 싶어.

그러다 한 전자음악가의 앨범을 듣고 좋아서 놀랐다. 앨범을 만든 음악가와 네 번 정도 만나 이야기를 하면 할수록 작업에 대한 초점을 나에게로 다시 가져올 수 있었다. 아직도 많은 사람들에게 사랑받고 싶다. 하지만 일단 내가 그저 수시로 내 마음을 돌아보고 그 마음을 담아 꾸준히 작업하는 게 중요하다는 기본적인 사실을 실감했다. 사람들이 무엇을 좋아할지 우왕좌왕, 사람들이 무엇을 멋있다고 할지 눈을 지구 반대편까지 굴리며 찾아보는 일. 재밌긴 했지만 사람들의 기준이 내 마음을 넘어서 더 중요해져 버렸는데, 내가 누구인지 어떤 상태인지 무슨 생각과 느낌을 품는지 들여다봐야 한다는 중요한 사실을 알게 되었다.

애초에 현대사회의 성공 신화를 믿지 않았지만, 음악 활동을 시작하고 나서는 약간은 믿게 되었다. 뉴욕에 갔을 때 뉴욕이 서울 같아서 추하다고 느꼈다. 뭐든지 다양해서 좋았지만 서울보다도 뭐든지 삐까번쩍하고 컸다. 바퀴벌레도 컸다. 그러다 엠파이어스테이트 빌딩에서 한국어 도슨트를 들었는데, 모두가 빌딩을 높게 세우려 경쟁하다가 추한 마천루 풍경을 가지게 되었다는 말에 이 추함이 뉴욕의 아름다움이라는 생각이 들었다. 더불어 서울에서 태어났지만 서울을 잘 모르겠는 기분이었는데 조금 알 것 같았다.

121

몸을 일으킬 수 없어 누워 있게 된 시기 이후로 가끔 일어나기 힘든 시기가 반복된다. 영원히 누워 있고 싶다가 죽고 싶다로 이어지기도 한다. 일어나서 움직여 보려고, 몸을 세워 보려고, 안간힘을 쓴다. 다들 살아가고 있다니 대단해, 하면서. 누가 얼마나 유능하고 잘하는지 겨루는 세상에서 무너져 버린 나 같은 사람들에게 공감과 위로가 되었으면 하는 마음에 〈Building〉을 제작했다.

Building

미친

무너지고 있었어
무너지고 말아 나는
무너지고 있었어
무너지고 말아 나는

길이 나지 않아 꿈에
막다른 곳에 가지 자꾸
힘이 나지 않아 꿈에
무기력한 근원으로 가네

어둑한 밤이 지나면 낮이 오겠지
낮이 지나 밤이 온 것뿐이야

무너지고 있었어
무너지고 말아 나는
무너지고 있었어
무너지고 말아 나는

길은 막지 않아 꿈에
막다른 곳은 없어 원래
힘은 나지 않아 자주
무기력할 수도 있어

어둑한 밤이 지나면 낮이 오겠지
낮이 지나 밤이 온 것뿐이야

무너지고 있었어
무너지고 말아 나는
무너지고 있었어
무너지고 말아 나는

Building my story
Building my soul
Building my story
Building my soul

미친

무너지고 있었어
무너지고 말아 나는
무너지고 있었어

뮤직비디오를 작업해 준 3D 아티스트 꿈끼 님과의 만남이
인상적이었다. 꿈끼 님은 나와 관련한 자료를 요청했다. 어렸을 때
동생과 함께 우리가 보육원에 봉사활동을 하러 온 대학생이라고
상상하면서 매일 다른 이야기를 만들어 내며 가지고 놀던 인형들
사진, 『그리고 일기가 남았다』에 썼던 냉장고 이야기, 어렸을
적 풍물부 활동을 하다가 경험했던 단심줄놀이 등 나와의
대화에서 많은 것을 가져다 아트워크를 만들어 주었다. 꿈끼
님이 '우울증'이나 '조력자'라는 말을 반복하자, 꿈끼 님은 어떻게
살아왔을까 싶어 꿈끼 님의 이야기를 간단히 물어보기도 했다.

과거에 대한 후회와 분노, 슬픔. 미래에 대한 불안과 망상.
과거와 미래에 대한 생각으로 머릿속이 꽉 차서 현재의 나들은
자주 누워 있거나 불안해하거나 울거나 진정하지 못했다. 그러다
과거와 미래가 아닌 현재에 머무른다는 개념을 알고 나선 현재에
집중하기 시작했다.

아침 기운에 눈을 뜬다. 아빌리파이정을 복용한다. 예전보다
나아졌는지 2mg에서 1mg으로 줄었다. 식사를 차려 먹고 설거지를
한다. 창작 작업을 하거나 약속을 잡아 시간을 보낸다. 오후
3~11시 사이에는 과외 일을 한다. 밤 11시에 바로 데파스 0.5mg을

복용한다. 자기 전에 먹는 약은 0.25mg에서 0.5mg으로 늘었다. 늦은 밤 혼자 깨어 있으면서 유해한 생각으로 체력을 축내고 정신력과 면역력을 떨어뜨릴 때가 많았다. 의사는 밤에 시간을 정해 취침 준비를 하며 약을 먹고 잠에 들기를 권장했다.

작업할 수 있는 시간은 오전 10시부터 오후 3시까지. 5시간. 월요일 오전엔 정신건강의학과에 갔다 와서 친구들과 함께하는 온라인 다이어리 스터디에 참여해야 하고, 화요일 오전엔 일주일에 한 번 있는 과외 회사 일정을 소화해야 한다. 그 시간을 빼도 월요일과 화요일에 2~3시간이나 작업할 수 있다. 수요일이나 목요일은 5시간 작업할 수 있고, 금요일과 주말은 하루 종일 비어 있다. 하지만 대부분 금, 토, 일에는 약속으로 가득 차 있다. 약속이 없다면 작업 일정을 계획란에 조심스레 써 본다. 할 수 있을까? 못해서 속상하면 속상하겠다, 불안하기도 해서 조심스레 쓴다.

시간별 다이어리를 쓰면서 현재를 어떻게 보내고 있는지 파악하며 지낸다. 과거, 현재, 미래는 동시에 존재한다고 했나. 너무나도 좋아하는 시간에 대한 이야기지만 그 이야기는 잠시 뒤로하고, 다시 순차적인 시간 개념으로 돌아와 현재에 집중한다. 무엇인가에 몰입하게 되면 현재와 몸이 붙은 채로 시간을 보낸다. 몰입할 것이 없다면 현재는 대체로 지루하거나 불안하다. 이 심심하고 들뜨는 기분을 느낄 때마다 잠을 자 버릴 때도 있다.

잠을 자 버린 것도 잘했다 해 주고 있다. 그래도 일어나서 낮잠을 3시간 30분이나 잔 걸 기록하고는 이 시간에 차라리 하고 싶은 작업이나 명상 같은 걸 하면 좋겠다고 생각하기를 반복한다. 나의 황금시간인 오전 10시부터 오후 3시까지가 점점 작업으로 자주 채워지고 있다.

과외 일과 병행하는 작업 루틴은 이미 2020년에 심리상담 센터를 다닐 때 상담 센터 소장님이 함께 고민해 주고 짚어 준 부분이었는데, 2023년에서야 실천하고 있다. 뭐든지 느린 기분이지만 천천히 살아가면서 하고 싶은 것을 해내고 있다. 50살이 되었을 땐 얼마나 더 원하는 대로 살고 있을까?

시간별 다이어리를 쓰기 전에는 황금시간에 잠을 자거나 스마트폰을 보거나 약속을 잡아 사람을 만났다. 가끔 들어오는 창작 작업 일을 했지만, 보통 되는 대로 보냈다. 그러고는 어떻게 시간을 보냈는지 전혀 알 수 없었다. 그저 많이 놀았다는 것밖에 몰랐다. 몇 시간이나 누워서 스마트폰을 보고 낮잠을 잤는지 알 수 없었는데, 기록을 하고 나서야 가늠할 수 있게 되었다.

2023년 초, 다이어리를 잘 사용하는 법에 몰두하여 알아보다가 마음에 드는 피드백 방법을 찾았다. 대강 내 식대로 바꿨다.

1. 잘한 점

2. 힘들었지만 배운 점

3. 다음 집중

2023년 초봄부터 사월, 여주, 유혜, 지향 등 친구들과 매주 가지는 다이어리 스터디 시간에 이 방법을 쓰고 있다. 잘한 점을 먼저 각자 말하고, 힘들었지만 배운 점도 돌아가면서 말한다. 마지막에는 다음 집중할 일에 대한 이야기를 나눈 후 스터디를 마친다. 발표자가 자체 피드백을 하는 중간에 다른 참여자들도 피드백을 한다. 한 달이 끝나면 월별 피드백도 공유한다. 비교적 자유로운 분위기여서 그때그때 참여자 수나 그날 대화의 양이 달라지는데, 이에 따라 다이어리 피드백 모임은 30분에서 2시간까지도 걸린다. 평균 1시간 정도인 듯하다.

몇 년 전, 키라라와 행복하게 통화를 하고 있다가 노래 하나를 만들었다. 기타를 메고 아무거나 치기 시작했고, 노래도 얹었다. 〈고요한 현재〉였다. 밴드 쾅프로그램의 〈서울〉(2012)이라는 노래에는 "수많은 일들이 동시에 일어난다"라는 가사가 반복된다. 키라라와 나는 그 가사가 정말 참말이라고 고개를 끄덕이며 자주 좋아했다. 가끔 그 노래를 찾아 듣는다.

고요한

현재

소동이 일어났어요
우주의 대폭발로 다
없어졌어요
소동이 일어났어요
우주의 대폭발로 다 생겨났어요
고요한 현재를 찾아서
현재 현재의 재현의 재현

현재에는 세상에 많은 일이 일어나고 나는 고독하다.
예전에는 고독을 잘 즐겨서 혼자 걷거나 서점이나 도서관,
노래방에 다녔다. 그런데 점점 고독하기가 힘들다. 비참한 기분과
연결 지어서 그럴까? 예전처럼 고독을 잘 즐기고 싶다. 번뇌
한가운데서 고요하게 현재와 착 붙어 살아 있는 사람들. 반가워요.

2022년에 어떻게 잘 놀았길래요? 애리 씨가 제일 재밌게
사는 것 같아. 한 동료가 말했다. 친구와 동료들을 만나 시간을
보내기도 했지만, 무엇보다 틴더로 사람을 많이 만났다. 일주일에
서너 명을 만나 산책하고, 먹고, 마시고, 이야기를 나눴다.
2021년에 본격적으로 하기 시작했던 틴더를 만남 수단으로
사용하며 시간을 허비, 아니 보냈다. 허비했다고 하려다가
허비했다고 하기 싫어진다.

틴더에서 만난 사람들과 연애를 하기도 했다. 수년 전, 한
커플에게 둘이 어떻게 만났냐고 물어봤는데 그때 틴더로 만났다는
답을 들어서 틴더를 처음 알게 되었다. 어플리케이션으로
사람을 만나 몇 년 동안 연애하기도 하는구나. 그때 바로 틴더를
다운로드하지는 않았고, 이후에 설치했을 때도 사람 구경만
했는데, 어느덧 틴더 고인 물 사용자가 되었다.

특히 2022년 여름엔 틴더를 통해 만난 사람들과 홍제천을
많이 걸었다. 틴더에서 사람을 만나면 자주 듣는 질문이 있다.
틴더에서 사람 만나 봤어요? 네. 어때요? 다 달라요. 정말 다
다르다. 생김새도, 하는 일도, 사는 세계도, 목적도. 목적이 달라
만나자마자 바로 헤어지기도 하고, 아예 처음부터 만나지 않게
되기도 한다. 동네 친구를 사귀기도 하고, 종종 보는 다른 동네
친구도 사귀게 되었다. 틴더에서 만난 사람에게 타투를 선물로
받기도 했다.

나는 왜 틴더에 빠졌을까? 작업에서 회피한 걸까? 관계
중독도 발목을 잡는데, 아무튼 내 얘기를 해 보겠다. 사람들이
어떻게 살아가고 있는지 이야기를 듣고 교류하는 게 좋았다.
얼마나 많이 대면하여 만났냐면 잘은 모르겠지만 50명은 넘고
100명 가까이 될 것 같다. 대부분 한 번 만나고 이어지지 않는다.
사랑을 주고받을 사람만을 기대한 건 아니다. 하지만 사랑을
주고받는 건 좋은 거니까 그런 시간을 보내기도 한다.

작년에 새로 곡을 하나 쓰며 저절로 "모르는 사람들만
만나"라는 가사가 나왔다. 그리고 저절로 "I know nobody
really loves me"라는 가사도 따라왔다. 나한테 가사란 시간이
과거, 현재, 미래로 나누어져 있지 않고 이미 동시에 존재한다는
개념과 비슷하다. 틴더라는 어플리케이션을 사용하며 이런 가사가
나왔지만, 이어지는 가사는 틴더와 연관될 수는 있어도 꼭 정확히

틴더 이야기만은 아니다.

／

고등학생일 때 밤을 새워 영화를 보느라 학교에서는 자주 졸았다. 밤새 거실에 있는 컴퓨터로 음악을 듣거나 영화를 보고 있으면 엄마나 아빠가 새벽에 나와 혼내기도 했다. 넷플릭스나 왓챠 같은 OTT가 없던 시절이라 소장한 영화 한 편 한 편이 소중했다. 미셸 공드리 감독의 〈수면의 과학〉(2006)은 현실과 꿈을 헷갈려하고 꿈꾸듯이 사는 스테판에 대한 이야기였다. 꿈 이야기라니! 꿈 이야기가 나온 예술작품을 보면 혼자가 아니라는 생각에 반갑다.

그런데도 난 처음에 가엘 가르시아 베르날이 연기한 주인공 스테판이 아니라 샤를로트 갱스부르가 연기한 스테파니에게 감정을 이입했다. 고등학생일 때만 해도 미디어에서 재현하는 여성에 감정 이입을 했는데 그래서 그런지 주인공보다는 주인공과 로맨틱한 관계로 나오는 여성에 나를 대입하곤 했다. 초등학교 6학년 때 엄마의 권유로 헨리크 입센의 『인형의 집』(1879)을 읽으며 인형이 되기보다는 독립적인 인간이 되고자 했으면서.

대학 시절 어느 날 정아 언니가 내가 좋아하는 한 남성 예술가에 대해 말하며 부럽다고 한 게 생각난다. 와. 눈과 입이 동시에 벌어졌다. 난 그동안 그 예술가와 그의 작품들을 좋아하면서도 그 사람의 어머니나 여성인 배우자, 있을지 없을지도 모르는 딸에 대해서만 내 자리를 찾았구나. 내가 그 사람이 될 수 있을 거라고는 생각하지 못했다.

아직도 여성 캐릭터에 제일 편하게 나를 대입하기는 한다. 하지만 앞에서 말한 것처럼 내 모습을 볼 수 있는 한에서만. 폭력에 희생되고, 사회에서 바라는 모습이 아니라서 벌 받고, 죽고, 피폐해지는 이야기는 더 이상 그만. 삶이 지리멸렬하더라도 쾌활하게 살아가고 싶다.

아무튼 정아 언니의 말을 듣고 나서는 수년 만에 〈수면의 과학〉을 마음에 다르게 새기고 있었다. 나는 스테파니가 아니라 스테판이 되기로 했다. 주인공이 되기로 한 것이다. 동시에 미셸 공드리가 되기로 했다. 주인공을 창조하는 창작자가 되는 것이다. 꿈을 너무 좋아하고, 창의적인 일을 하고 싶어 하고, 우왕좌왕하고, 좋아하는 사람 앞에서 엉뚱한 언행을 하고, 좋아하는 사람과 뭔가를 만들면서 무진장 재밌게 놀고, 좋아하지도 않는 사람과 키스도 해 보고, 가슴 아파하고, 짜증을 느끼고, 안절부절못하고, 작업물을 만들어 발표할 때 기뻐하는 사람.

밤의
숲

일상의
변화를 주려
하니
모르는 사람들만
만나
I know
I know　　　　더
I know nobody　자주
really loves me　더
　　　　높이
　　　　오르는
　　　　산처럼
　　　　미결의 꼭대기
　　　　내려 봐
　　　더 자주 더 높이
　　　오르는 뱀처럼
　　　미결의 구덩이 올려 봐
　　　I know
　　　I know
　　　I know nobody really loves
me
Nobody really loves me
Nobody really loves me

이상의
뮤즈를
벗어나서
스스로
스테판이 되려
I know
I know
I know nobody
really loves me

더
자주
더 높이
오르는
나처럼
미결의 원으로
돌아가
더 자주 더 높이
오르는 나처럼
미결의 회전은 돌아가

처음에는 "밤의 숲"이라고 제목을 지었지만, 중간에
"스테파니 스테판"으로 제목을 붙이기도 했다. 아직 미발매곡이라
가능성은 열려 있다. 이 글을 읽을 사람들이 어떤 사람들일지
책의 활자대로 구멍을 내어 독자의 얼굴을 엿보고 싶다. 곡 제목
어때요?

정신건강의학과와 심리상담 센터에서 구구절절한 나 자신에
대해 상담을 했다. 이것도 강박증이나 완벽주의의 일종일까요?
사소한 것도 너무 다 중요해요. 구구절절 말하고 싶은 이유는 나의
맥락이 세상 속에서 납작해지는 것이 극도로 싫기 때문이었다.
10년 전에 나는 도무지 경악스러운 범죄자들마저 이해한다고
말하고 다녔다. 최근 이 이야기를 들은 친구는 애리가 너무
이해받고 싶었나 보다, 그래서 그랬을 것 같아 했다. 병원에서도
나는 온전히 이해받고 싶어 하는 경향이 좀 있다는 조심스러운
말을 들었다. 그랬구나, 이해받고 싶었구나, 얘.

How
Deep Is My Love

Getting high with childish absurdities
which are what we are, laughing out loud with
obvious paradox with clear joy, all these chatters
are just what I ate from the olders, wanting greedily
more things to do say think enjoy in the world, with
rest, thinking nano blanks of my footstep in my room,
still on my bed. Craziness in my way just for seconds,
Call Samantha, beating 'I' am every-every in heart,
and say, why Why while wiring wiry airy Airy.

Time flies.
Time flies. Meeting tons of friends
to play, who comes and goes and stay, any
types of, including family types, wait for me,
playing forever, freedom and restriction for myself,
How deep is my love for wasting and filling life and
thing called 'I', do not make me be your ego then I
will let your one be safe, history piling up with energy
or with disappearing intensity, prepared for new
Disaster as well as another Happiness, enjoying
big and small sense, anything between instant
and deadly evergoing of a creation, fusing
or reborning body, after my years of
ddong-geul jeong-dok of
course.

상담을 통해 나의 생각, 감정, 의견이 받아들여지지 않았을 때 괴로워하던 존재 초기의 기억을 돌아봤다. 너무나도 뻔하게 유아-아동-청소년 시기의 인간관계를 다뤘다. 뻔하지만 놀랍지 않은 건 아니었다. 이미 수년 전부터 상담에서 한두 번 다룬 부분이었기에 충분히 스스로를 이해하고 극복했다고 생각했는데. 이제 부모님은 내 말에 귀 기울여 주는데. 지난 일은 극복했을지 몰라도, 새로운 정서의 길을 냈을지 몰라도, 원래 나 있던 길이 깊게 파인 곳으로 물이 흐르고 있다. '현재'의 내가 아직도 오래전부터 나 있던 길로 흐르고 있을 줄은 몰랐다. 새 길을 팠는데도 쉽게 오래된 길로 물이 흐른다. 우울증에 도움이 되는 리스트에 '모든 걸 설명하려고 하지 않기'가 있다는 걸 발견했다. 10년째 다른 길도 더 깊이 파 보려고 노력하고 있다. 친구가 '애리야, 대단하다' 치켜세워 주자 투병기라고 대답하고 웃는 장면 인서트.

소문난 걸레 키스왕 양아치 일진 범생이 엘리트 오타쿠 찌질이 왕따 아웃사이더 인싸 소시민—몇 개 들어봤어?
천 개.

최근 친구들과 이야기하며 '마음'의 의미를 찾아봤다. 1번의 뜻이 '사람이 본래부터 지닌 성격이나 품성'이었다. 2번의 뜻이

'사람이 다른 사람이나 사물에 대하여 감정이나 의지, 생각 따위를 느끼거나 일으키는 작용이나 태도'이고, 3번의 뜻이 '사람의 생각, 감정, 기억 따위가 생기거나 자리 잡는 공간이나 위치'였다. 친구들과 나는 눈을 번쩍였다. '마음'이라는 것은 2번이나 3번 뜻인 줄 알았는데, 사람이 본래부터 지닌 성격이나 품성이 1번 뜻이라고? 우리는 서로 정신건강의학과나 심리상담 센터, 요가, 명상, 창작, 작업물 등에 대한 이야기를 나누며 돌아가며 한 명 한 명의 마음을 들여다봤다.

내 마음은 눌려 있지 내 뒤통수처럼

하지만 또 나와 있지 내 앞통수처럼

마음속 내가 죽인 바질을 몸에 새기고

세상에 나와 하트 벌레를 받았네

싱그럽게 죽어 가는 삶

징그럽게 아름다운 삶

이여

내 마음엔 천 명의 친구들이 살아

친구들의 이야기를 듣고 그 마음들로 살아

그럼 나는 어디 있냐고?

나도 내 이야기를 천 명에게 주었네

그런 마음으로 살아

천명에 따라 살고 싶었고 천명에 반해 살고 싶었고

천명에 따라 죽고 싶었고 천명에 반해 죽고 싶었어

환풍기 소리에 누가 이곳에 있음을

그게 나임을

수많은 내가 다른 곳에 살고

수많은 나를 만나 안아 보는 거야

—「천명 천 명」

스무 살에 만난 타민은 20대 중반에 죽었다. 우리가 스무 살 때부터 타민은 나에게 전화를 걸어왔다. 우리는 통화로 자우림 노래를 목청껏 부르기도 했다. 언젠가 이태원 길바닥에서 잠들었다가 지갑을 잃어버렸다던 타민을 외면한 적도 있다. 스무 살에는 내가 홍대에 홀로 3호선 버터플라이를 보러 간다고 하자 타민도 따라나섰다. 나는 혼자 미리 도착해서 헌책을 파는 카페에서 시간을 보냈으며, 처음으로 신분증을 보여 주고 담배와 라이터를 사서 구석진 골목에서 피워 보고 20대 중반까지는 다시 피우지 않았다.

그날은 클럽데이였다. 입장권인 팔찌를 차면 홍대의 다른 클럽도 방문할 수 있었다. 조그마한 밴드 공연장에서 오랜만에 앨범을 내고 공연한다던 3호선 버터플라이를 봤고, 타민을 따라 EDM이 나오는 클럽도 갔다. 타민은 혼자 춤을 신나게 췄다. 다시 밴드 공연장으로 갔을 땐 나만 혼자 신나게 춤을 췄다. 우린 새벽에 헤어졌다.

우리는 같은 과였다. 과에 들어오자마자 자신이 비타민이니 타민이라고 불러달라고 했던 타민은 눈에 띄었고, 어떤 사람들은 그런 모습을 좋아하지 않기도 했다. 하지만 조금이라도 튀면 죽이는 것 같던 세상에 반항심을 가지고 있던 나는 그런 말들에도 개의치 않고 타민과 교류했다. 내 눈에는 타민의 모습과 언행이 귀엽게 보이기도 했다. 타민은 내가 입은 옷을 보고 웃으며 신경 쓴 건 알겠다는 말로 인사를 건내는 친구였다. 그날 정말 신경써서 옷을 입고 갔으나 스스로도 어색했던 나는 강의실에 들어서자마자 들은 타민의 말에 약이 올랐지만 한편으론 간파당한 것 같기도 했다. 내 눈엔 타민은 멋을 잘 부리는 멋쟁이였기 때문에 더 간파당한 느낌이었다.

타민은 혼자 다녔고, 이야기를 나눌 땐 어김없이 계속 웃고 있었다. 제주도에서 서울로 온 타민은 스무 살 때부터 홀로 이태원을 전전했다. 나의 과 친구는 나중에 나와 타민을 보고 너희는 비슷해 보였다고 했다. 우린 비슷하기도 했지만 많이 다르기도 했기에 누군가의 눈에 비슷해 보였다고 했던 말을 들었을 때 신기했고 기억에 남았다.

타민을 문학회로 끌어들였다. 내가 문학회로 끌어들인
사람은 총 세 명이었는데, 그중 타민이 처음이었다. 그다음이
밴드부를 함께했던 여주와 유혜. 그렇게 나와 타민은 수업
시간에도 보고 동아리 활동을 하면서도 봤다. 2011년
문학회에서는 문집을 만들었다. 나는 네 편의 시를 싣고, 타민은
세 편의 시를 실었다. 그중 한 편의 시가 나에 대한 시였다는 것은
나중에 들었다. 그 얘길 전해들었을 때 무척 놀랐다. 한편으론
웃음이 나며 '어쭈? 너, 그랬어?' 싶었고, 고마웠고, 언젠가 나도
타민이에 대한 글을 쓰고 싶었다.

너무도 신기한 것은 엄마는 내가 잃어버린 것들을 너무도 잘 찾
는다는 것이에요
마치 나는 아무것도 아닌 것처럼
비밀 실은 그것들은 내가 숨겨 놓았어요
나는 나이고 싶은데 엄마는 나에게 맞지 않는 반듯한 옷들만 입
히고 싶어 하니까
솔직히 말해서 너무 단조롭다고나 할까요 엄마의 꿈처럼
달콤한 것은 늘 병을 불러일으키죠 너무나 과해서
아쉬운 것은 더 이상 피울 어리광이 너무도 역겹기 때문이에요
귀여운 것은 아무것도 몰랐기 때문이고요
그래도 모르는 척 웃어요

침을 맞고 싶지 않아서라도

대신 한가득 푸른 멍울 서지만

누가 볼까 붙박이장 깊숙이 가둔 내 것은 찾을 길 없겠죠

나는 아직도 어른이니까

　　—「어리광은 어릴 때나」, 비타민

　　타민은 나에게 자주 연락을 해 줬다. 전화는 자주 걸었지만, "야" 한 마디 메시지를 보내고는 내가 대답하면 그에 대한 대답이 없기도 했다. 나는 그럴 수도 있다고 생각했다. 음악을 시작한 지 얼마 되지 않았던 나는 겪은 일을 토로했다. 타민은 힘들어하는 나를 놀렸다. 나는 화를 냈다. 타민은 쩔쩔매며 장난이었다고 미안해했다. 그럼 약 올랐던 기분이 서서히 내려가며 어느덧 또 웃으며 대화를 하고 있었다.

　　그즈음 타민은 우울하다는 호소를 자주 했다. 나는 심리상담 센터를 다니기 시작했을 때라 정신건강의학과나 심리상담 센터 등을 추천했다. 왜 우울하냐고 물어봐도 도통 모르겠다는 답만 돌아왔다. 타민은 언젠가 통화할 때 5초 전에 내가 한 말도 잘 기억하지 못했다. 어느 날에는 그런 일이 심하게 반복되었다. 우울증같이 도움이나 치료가 필요한 상태는 아닌지 염려하기도 했다. 타민이 계속 내 말을 놓치던 어느 날 나는 화를 냈다. 타민은

142

또 미안하다고 하고 끊었다.

그러자 이전에는 없던 걱정이 생겼다. 우울해하는 친구에게 편안함을 줄 수도 있었을 텐데 화를 낸 게 마음에 걸렸다. 또 "야"라는 메시지에 "왜" 대답했는데 그 후 타민이 연락이 되지 않아 걱정된 적은 처음이었다. 미안하고 걱정될수록 심통이 났다.

다시 연락이 온 날 안심이 되었다. 그런데 그날은 조금 달랐다. 그동안 아파서 병원에 입원해 있었다고 했다. 나도 병에 걸려서 산부인과를 다니고 있다고 말했다. 넌 어디가 아팠어? 타민은 이번에도 제대로 말해 주지 않았다. '몸속'이 아팠다고 했나. 기억이 잘 안 나지만 모호하게 대답했다. 평소 같으면 나를 놀렸을 것 같은데 타민은 아프지 말자고 말했다. 타민이 따뜻한 진심을 다정하게 말하는 걸 처음 들어 보는 기분이었다. 평소엔 악동처럼 웃으며 놀릴 거리를 찾았으니까. 얼마나 아팠던 걸까 걱정이 됐다. 그리고 얼마 지나지 않아 타민의 부고를 들었다.

처음에는 눈물도 나지 않았다. 소식을 들었을 때도, 장례식장에 갔을 때도. 타민이 얄미웠다. 한 몇 달 지났을까. 떠난 네가 왠지 얄밉고 눈물도 안 난다고 누군가에게 말했는데 그 사람은 그만큼 가깝지 않았나 보지 사랑하지 않은 거지, 쉽게 말했다. 갑자기 둑으로 막아 놓은 엄청나게 많은 양의 물이 쏟아지듯 타민과의 시간이 머릿속에 쏟아져 들어왔다. 큰 소리로 울음을 터뜨리며 알지도 못하면서 그런 말을 하냐고 나는 걜

143

사랑했다면서 악을 지르고 울어 댔다. 2년 정도가 지날 때까지만 해도 믿기지 않았고 이제 실감은 난다. 얄미운 놀림이 그립다. 그럼 나는 성을 낼 거고 타민은 장난이었다면서 또 진심으로 미안하다고 할 것이다. 언제나 그랬듯 또 전화를 주겠지. 잘 있냐. 또 만나자.

어른아이도 아이다. 엄마는 나더러 아기였을 때부터도 부부 싸움이 일어나면 아무 말 없이 다른 공간으로 기어갔다며 그땐 눈치가 빨랐는데 왜 점점 '어쩌구'가 되냐고 했다. '어쩌구'가 기억이 안 난다. 다른 말이었던 것 같은데 아무튼 눈치가 없어졌다는 얘기이려나. 그 말을 듣자마자 어릴 땐 어쩔 수 없었을 거고 눈치 빠르다는 말의 영향을 다 받았을 거라 생각했으나, 그 말을 들을 때마다 내 마음을 말하지는 않았다. 그러나 여기에 말해 버린다.

하지만 행복했던 날도 기억난다. 초등학교 고학년 때쯤이었던 것 같다. 선선한 계절에 피아노에 앉아 공부를 하고 있었다. 그런데 문득 인생이 사랑으로 가득 차서 행복하다고 느꼈다. 세상에 대해 알아 간다는 생각으로 공부를 해서 학업이 싫지는 않았다. 성적과 등수에 혼나는 게 힘들었지. 피아노를

생각하면 엄마가 사랑하는 내가 생각났다. 내가 피아노를
연주하고 있으면 엄마는 슬며시 내가 있는 방으로 들어와서
자리를 잡고 피아노 연주를 들으며 행복해했다.

'붙박이장 깊숙이 가둔' 것에 대해 알고 싶다. 다른 사람들의
붙박이장에는 뭐가 있을까? 내 붙박이장에는 뭐가 있을까? 마음
깊이 들여다보다가 갑자기 동굴 끝으로 들이닥친 나로 인해
놀란 해골, 그리고 그 해골만 보고 있는 동굴 벽의 2D 눈 두 개가
생각난다. 이 이미지로 수년 동안 많은 생각과 상상을 하며 슬펐고
재밌었다.

2023년 3월이 되어서야 심리상담 센터에서 내 기질 검사
결과를 알려 주며 나의 기질과 삶을 연결하는 말을 들을 수 있었다.
그동안 성폭력 등 더 힘든 이슈를 다루느라 기질과 인생 초반을
자세히 다룰 여유가 없었는데, 이제 여유가 있어 보이니 내 오래된
심리적 공허감을 다루자는 취지였다. 생리심리학적 관점을
바탕으로 기질 및 성격 형성을 살피고 분류하는 TCI 검사를 해
보니 자극 추구, 위험 회피, 사회적 민감성이 모두 매우 높은 나는
기질적으로 호기심이 많으면서도 세심하고 예민해서 내적 갈등이
많을 수밖에 없다고 했다. 하지만 상황에 맞게 여러 가지 참신한

모험과 시도를 즐기며, 다양성을 추구한다.

특히 사회적 민감성이 높다. 최근 검사에서는 백분위 93이 나왔다. 사회적 민감성이 높으면 사람들이 어떤 상황을 좋아하고 싫어하는지 예리하게 바로 알 수 있고 그에 영향을 많이 받아 보상과 처벌에 민감하며 사람들이 싫어하는 것을 잘 거스르려고 하지 않는다는 말을 들었다. 다른 사람의 감정을 잘 읽는 것이 장점이기도 하지만 이로 인해 자기 욕구를 펼치기 어려워할 수 있다고 소장님이 말했다.

자극 추구, 위험 회피, 사회적 민감성만 높은 게 아니었다. 자기 초월 백분위도 높다. 자기 초월 척도로는 자신을 우주 만물과 자연과 같은 우주의 통합적 한 부분으로 이해하고 동일시하는 정도를 측정한다. 만물을 우주적 전체의 필수적인 한 부분으로 인식함으로써 만물과 일체감을 느끼는 능력에도 개인차가 있구나! 다 똑같이 느끼는 건 아니었구나! 자기 초월에 대한 설명이 마음에 들어서 기분이 좋으면서도 97이라는 백분위 숫자를 보며 괜찮은 건가 싶다.

자기 초월은 자기중심에서 벗어나 나를 내려놓는 것이라는 말을 들었다. 스스로 자아를 풍기는 글과 그림, 영화에 공감하고 혼자가 아니라고 느끼는 것도 좋지만, 자아가 옅어져 우주 만물과 일체감을 느끼며 어딘가에 몰입하여 나를 잊는 기분도 좋아한다. 한편, 자기 초월은 불확실한 것을 수용하고 현재를 즐기는 능력이라고도 했다. 갑자기 질문이 떠올랐다. 불확실한 것을 너무 수용하는 건 아닐까? 현재를 너무 즐기는 건 아닐까? 너무 과할까? 너무 부족할까? 너무 부적절할까? 너무 적절할까?

〈t.@.s.t.e〉에 대한 메모를 발견했다.

몽롱

· 실제 세계 밖의 확장된 경험

· 무의식

· 문제가 있을 수도 있지만 우당탕탕 앞으로 나아가고픈 마음

· 예전보다 밝은 맥락

t.@.s.t.e

맛보기 전엔 모를
그 맛이에요
힘들다고 말하면
같이 해 봐요
세상 속으로 가요
같이 가 봐요
죽음보다 달콤한
세상이에요

맛보기 전에도 아
는 그 맛이요
쉽다고도 말하는
아이의 마음
세상 속으로 가요
같이 가 봐요
삶보다도 씁쓸한
세상이에요

맛보는 건 t.a.s.t.e
라지요
nasty 할아버지와
nasty 할머니
엄마 아빠 친구도
함께하지요
우린 사랑 가득한
사람이에요

한편, 최근에 '화학적 사이보그'라는 개념을 알게 되었다. 나는 몇 년째 아빌리파이라는 약을 복용하고 있다. 아빌리파이(Abilify)는 이름처럼 신자유주의·능력주의 사회에서 복용자를 능력 있는 정상성의 세계로 이끌기 위한 치료 약물로 개발되었다. 여기에는 정신장애 당사자가 투약 이전에는 비정상적이거나 능력 없다는 낙인이 깔려 있다. 하지만 정신장애 당사자들이 매드 프라이드(mad pride) 운동을 펼치면서, 정신과 약물 복용에 관련한 '정상성' 개념에 자신의 목소리로 맞서기 시작했다.

장애학에서는 신체장애인이 휠체어나 인공보철 등을 사용하는 것을 기계와 몸의 결합을 통한 '사이보그로서의 몸'을 만들어 나가는 적극적 실천으로 받아들이자고 제안해 왔다. 최근 전국장애인연합회의 장애인 이동권 운동에 대한 논의에서 휠체어를 '확장된 몸'이라는 언어로 사용하는 장애인 당사자들도 있다는 걸 알게 되었다.

『비마이너』에서 유기훈 필자는 정신장애에서의 약물 투약에 대하여 '화학적 사이보그'라는 개념을 활용하여 새로운 정신 약물학 윤리의 가능성을 탐색하고자 한다. "약물이 케미컬로, 정상성이 다양성으로, 수동적 환자가 자유롭고 주체적인 화학적 사이보그로 변화하는 순간, 정신의학의 축은 당사자에게로 옮겨 가고 새로운 약물학의 가능성이 열린다"라고 「아빌리파이, 매드

프라이드 그리고 화학적 사이보그 3: 아빌리파이는 ‘무엇을’
가능하게 하는가」라는 마무리 글이 그 가능성을 축약한다.

그러면서도 필자는 글쓴이 후기에서 사이보그로서의 장애를
낭만화하는 기만성에 대한 우려, 능력에 기반한 차별의 구도를
재생산한다는 비판 등에 대해 세심히 나열하기도 한다. 또 마약과
불법적 약물 투약에 대하여 ‘정당화’, ‘자율적 실천’, ‘규제’ 등의
단어나 ‘치료’와 ‘증강’의 개념을 나열하며 다른 글에서 이에 대해
다루기도 한다.

정신건강의학과를 다닌 지 4년 차인데 얼마 전에야 대놓고
물어봤다. 선생님, 제가 처음 여기 왔을 때 힘들어하던 것들이
우울증의 증상이라고 하셔서 그건 알고 있는데요. 저에게
조증도 있냐고 물었을 때 약간 그런 면도 있다고 하셨잖아요.
그런데 최근에서야 조증 삽화 진행 중에 조증 삽화인 것을 처음
스스로 인지했어요. 그리고 궁금해졌어요. 제 병명은 뭐라고 할
수 있을까요? Bipolar depression이라고 하기도 하는데요.
병명이 주는 느낌을 좋아하지 않는 분들도 계셔서⋯⋯. Bipolar
disorder에서 주로 depression에 있고, 가끔 hypomania,
경조증 상태로 올라오는 것 같습니다.

한국은 여름에 너무 덥고 겨울에 너무 춥다. 양극성 장애.
너무 한국인이어서일까? 가끔 그렇게 생각하고 재밌어한다.
더불어 정전이라는 활동명으로 음악활동을 하는 친구 영훈은

환경이 너무 달라지는 한국에서 이불이나 옷가지 종류를 계절마다 바꿔 사용해야 한다고 말했다. 한국인들이 부지런한 건 결국 다 지리학적 특성 때문일까? 부지런하지 않았다면 너무 덥고 너무 춥고 너무 비가 많이 오고 너무 가뭄이 들 때 생존하기 힘들었겠지.

어떻게든 살아가기 위해 애쓰고 있다. 내가 이렇게 살아가고 있을 동안에 유기훈 필자는 왜 이런 글을 쓰며 살아가고 있을까? '화학적 사이보그'를 검색해 봤는데 유기훈 필자의 글이 그 용어를 찾을 수 있는 첫 글이었다. 직접 만든 용어일까? 나만의 '만나 보고 싶다' 리스트에서 올해 넘버 투를 차지한 유기훈 필자에 대하여 검색했다. '억압하는 의학이 아닌 위로하는 의학을 꿈꾸고 있다'는 설명이 있다. 이미 그의 글에 위로를 받았음을 깨달았다. 『비마이너』에서 유기훈 필자의 글을 다시 찾아보다가 최근 그가 공동 번역한 책이 출간되었다는 걸 알게 되었다. 모하메드 아부엘레일 라세드의 『미쳤다는 것은 정체성이 될 수 있을까?』(송승연·유기훈 옮김, 오월의봄, 2023)였다. 읽어 봐야겠다. 이 글 마감 안에는 못 읽는다.

대신 전기가오리에서 발간한 『스탠퍼드 철학백과의 항목들 15: 정체성 정치』(크레시다 헤예스, 강은교 옮김, 전기가오리, 2020)를 펴들었다. '정체성 정치'는 부정의(injustice)의 경험을 토대로 삼아, 주변화된 특정 집단의 정치적 자유를 확보하는 것을 목표로 한다. 과거 친구들과 철학 서적을 함께 읽으며 이야기를 나누는 스터디를 했다. 거기서 읽었던 책 중 하나였다.

"정체화는 르상티망(ressentiment)으로 가득한 배제가 아닌, 미래를 향한 연대를 전제로 삼을 수 있는가?"라는 구절에 밑줄이 쳐져 있고 거기에 꽂혔다. 원한과 복수심에 가득 찬 귀신이었던 나는 귀신인 내 모습마저 슬퍼하며 언제 희망과 사랑을 이야기하고 싶을지 궁금했다. 이렇게까지 쓰고 이 글에서 '희망'이라는 단어를 어디쯤에 썼는지 찾아봤다. 이 문단에서 '희망'이라는 단어가 처음 나왔다.

어떤 희망? 어떤 사랑? 지금 간단히 확실하게 대답하기는 어려울 것 같다. 그동안의 서사와 현재 쓰고 있는 이야기, 앞으로의 삶이 나도 궁금하다. 언제까지 씨앗일 거니? 언제까지 신인이고 싶어? 이제 참신한 것은 됐으니 책임감을 가지고 살 때 아니니? 뭘 희망하고 어떻게 사랑할지 알려 줘야 하는 거 아니니? 답보다도 질문을 너무 좋아한 사람이 여기 있습니다.

나다운 삶을 회복하고 따뜻하게, 나를 이해하는 여정에 D 심리 상담 센터가 함께합니다.

2020년에 이어 2023년에도 다닌 심리상담 센터에서 가져온 상담사 소개 정보물에 있던 말이다. 나다운 삶을 회복하고 따뜻하게 나를 이해하는 여정. 난 정말 웃고 싶어. 난 정말 놀고 싶어. 난 정말 웃으면서 놀고 싶어. 난 정말 울고 싶어. 난 정말 가슴 아플래. 난 정말 울며 가슴 아플래. Bipolar disorder입니다. 이 상태로 생활과 창작도 잘하고 싶네. 따뜻하게 응원해.

———

이야기를 너무 좋아한 사람의 결말이려나. 이 문장은 앞에서도 썼다. 저기요, 마무리가 참 쉽지가 않다. 2주일째 이 글의 결말을 쓰지 못했다. 내 인생의 마무리는 내 죽음일까? 이 질문이 생각난 오늘에서야 그토록 좋아하는 질문이라는 걸 더 던져 본다. 왜 마무리하기 어려워? 대답해 봐.

마무리. 음. 마무리는 거창해야 할까? 아니, 거창하지 않아도 좋아. 그럼 하고 싶은 이야기가 뭐야? 내가 하고 싶은 얘기는 이거야. 나는 이렇게 살고 있다. 다들 반갑다. 오가다 시간을 보내면 더 반갑겠다. 고맙다. 즐겁고 싶다. 편안하고 싶다. 다른 사람의 환상 속에서 살고 싶지 않다. 처절하게 아프고 싶다. 도전하고 싶다. 저항하고 싶다. 섞이고 싶다. 홀로이고 싶다. 사랑하고 싶다. 이래저래 이랬다저랬다 하고 싶다.

이번 주 친구들에게 물어볼 질문이 생겼다. 네게 '나다운 삶'이 뭐야? 다른 사람들에게도 물어보고 싶다. 여러분에게 '나다운 삶'이 뭔가요? 그리고 친구들과 세상의 이야기를 들을

거야. 이것도 나다운 삶이니까. 각자의 나다운 삶을 파악하는 데

동원이 되더라도 나다움을 유지하며 살아갈 수 있을까? 어떻게?

힌트를 찾으러 떠나 봐야겠다. 그나저나 다음 앨범의 제목은

무엇으로 짓지?

154

대부분의 사람들이 그러하듯이(다시 말해 평균적으로) 10대부터 20대 초반 사이에 가장 많은 음악을 들었다. 나락도 락이다 하는 신념이 있었던 것은 결코 아니었지만 "다른 음악은 철저한 자본주의의 상술이라 믿"고("모두 부질없는 짓이었다"……이쯤에서 불나방스타쏘세지클럽의 〈알앤비〉 가사를 인용하지 않을 수 없었다) 〈뮤직뱅크〉나 〈SBS 인기가요〉 같은 프로그램 대신 〈EBS 스페이스 공감〉을 보았으니(하지만 자주 보지는 않았다), 어쩌면 이 시기에 음악 취향이라고 할 만한 것이 생겼는지도 모르겠다. 그 시기에 음악을 좀 듣는다는 친구들은 CD 플레이어를 들고 다녔으나 나에게는

CD 플레이어가 없었고, 그것이 조금 '멋'이 떨어진다고 생각했던 것 같다. 그래도 그때의 나는 나름 음악에 충실했다. 학원 옆에 있는 레코드 가게에서 신중하게 CD를 고르고, 재킷을 꼼꼼하게 읽고, 컴퓨터를 켜서 CD를 삽입한 후에 프로그램을 돌려서 음원을 MP3 파일로 변환시키고, 그 파일들을 삼각기둥 모양의 MP3 플레이어(256MB라는 애매한 용량)에 담아 듣는 번거로움을 굳이 감수하면서, 그 '멋'을 따라하려고 했던 것 같기도 하다. 또 기억해 보자면 친한 친구들과 CD를 교환해서 듣기도 했고(그 번거로움을 굳이 감수하며), 친구의 생일이 되면 좋았던 CD를 선물하기도 했다.

그리고 그냥 그 정도였다. 20대 중반이 되자마자 (놀라운 평균의 힘으로) 새로운 음악을 잘 듣지 않게 되었다. 심지어 20대 초반까지만 해도 10대 때는 그렇게 기피하던 아이돌 음악에 뒤늦게 빠져서 (이런 음악을 10대 때 듣지 않았다니) "미련하게 청춘을 소모하고 있었"다는 생각마저 했는데, 그 시기가 지나자 음악 자체에 크게 관심을 두지 않았던 것 같다. 전에는 도대체 어떻게 새로운 음악을 찾아 들었지? 의아하기도 했다. 가게에서 흘러나오는 음악들 중에 '아는 노래'가 많아야 거기는 음악이 좋다고 뻔뻔하게 말하는 사람이 된 것이다.

그렇지만 나이를 먹어 가면서 음악이라는 장르 혹은 예술에 마음에 드는 점이 있다고 말할 수 있게 되었는데, 음악은 유난히 구구절절 설명을 하지 않는다는 점이다.

　글을 받기 전에 그와 나는 메일을 수차례 주고받았다. 안타깝게도, 글을 어떻게 쓰고 구성할 것인지에 관한 대화가 대부분이었는데, 이 책의 뼈대의 단위를 곡으로 잡을 것인지, 그보다 조금 더 느슨하게 잡을 것인지에 대한 논의였다. 어느 정도 이야기가 정리되었고, 그로부터 한 달 뒤에 어떤 형태로든 어느 정도의 분량이든 그때까지 쓴 원고를 우선 보내 달라고 부탁했고, 그는 약속한 날보다 일주일 빨리 글을 보내 주었다. 그 글을 읽고 뼈대의 단위를 확신했다.

　그의 글은 가만히 흘러가는 듯하다가도 이상한 부분이 톡 등장한다. 갑작스러운 현재이기도 하고 예상치 못한 과거이기도 하고 준비가 되지 않은 채 마주하게 된 고백이기도 하다. 처음 읽었을 때에는 혼잣말 같던 부분이 다시 읽으니 누군가와의 대화처럼 읽히기도 한다. 그것이 만드는 기묘한 리듬이 이상한 중심들을 잡고 있었다. 그리고 그것은 자신을 설명하지 않았다. 마치 그의 음악처럼. 글을 곡 단위로 구분하지 않고, 먼 과거부터 현재를 지나 미래까지를 선형적으로 배치하지 않고, 작은따옴표와 큰따옴표를 엄격히 사용하지 않기로 했다. 흐릿하고 모호하게 두는 편이 역으로 그 흐름을 더욱 선명하게 부각시킬 것이라고 생각했다.

　그러나 나의 수줍음과 이것저것 때문에 교정 마지막에

가서야 한 통의 짧은 전화 통화에서 나의 확신을 두서없이
전달했던 것이 다소 아쉽다. 나의 이렇다 할 것 없는 음악 생활을
마중물로 삼아 어쩌면 더 많은 이야기를 나눌 수도 있었을
텐데……싶기도 하지만, 그 궁금증은 역시나 이 책 너머로 남겨
둔다. 그 궁금증으로 누군가의 귀와 눈과 마음에 톡 하고 싹이
트기를 바라면서.

2023년 가을
김윤우

저자 애리

2018년에 EP 앨범《SEEDS》를 시작으로, 2023년
현재까지 싱글 앨범《신세계》(2020),《Virtual Song》(2020),
《Building》(2023)을 발매했다. 제16회 한국대중음악상
올해의신인상(2019)과 EBS 헬로루키 with KOCCA
대상(2019)을 수상했다. 저서로『그리고 일기가 남았다』(2021)와
『여성×전기×음악』(공저, 글항아리, 2023)이 있다.『세 개 이상의
모형』(김유림, 문학과지성사, 2020)을 절친한 친구로 삼은 와중에
『스탑 스모킹』(알렌 카, 심교준 옮김, 한언출판사, 2002)을 읽으려고
하고 있다.

편집자 김윤우

출판공동체 편않에서 기획 및 편집 등을 맡고 있다.
크지도 작지도 않은 출판사에서 편집자로 일한다. 영화
〈오펜하이머〉(2023)를 보고 커트 보니것의『고양이 요람』
(김송현정 옮김, 문학동네, 2020)을 다시 읽고 있다.

디자이너 기경란

어쩌다 보니 북디자이너가 되었다. 출판공동체 편않에서, 그리고
또 어딘가에서 북디자인을 하고 있다. 박경리 대하소설『토지』를
N번째 읽고 있다.

에세이 앨범 시리즈 〈흐름들〉은⋯⋯

뮤지션들이 자신의 삶과 음악을 직접 이야기해 보자는
기획입니다. 그들 음악에는 어떤 결의 삶과 또 어떤 층의 이야기가
있을까요? 새로운 흐름들과 함께, 또 함께 흘러 주시기를.

출간 목록

『우리는 이것을 꿈의 수정이라고 생각했다』

『수많은 내가 다른 곳에 살고』